KB078409

마쓰시타 고노스케

일본이 낳은 경영의 신

차례

Contents

들어가며

2008년 1월 '마쓰시타전기'의 경영방침을 밝히는 자리에서 오오쓰보 후미오 사장의 발표는 그곳에 모인 기자들뿐만 아니라 일본 국민들을 놀라게 했다. 2008년 10월 1일을 기해 '마쓰시타전기'라는 회사 명칭을 '파나소닉'으로 바꾼다는 것이었다. 마쓰시타전기의 창업자이자 일본 국민들이 가장 존경하는 기업가이기도 한 마쓰시타 고노스케(松下幸之助, 이하 마쓰시타)의 이름이 사라지는 순간이었다. 도대체 이유가 무엇인지, 그렇게 바꿔도 괜찮은 것인지, 소문과 우려가 난무하기 시작했다.

오오쓰보 사장은 몇 달이 지난 뒤에 한 주간지와의 인터뷰에서 사명 변경의 내막을 털어놓았다. 내용인즉 자신을 비롯한 경영진 전체가 결단을 내리기까지 적지 않은 고민을 했다는 것이다. 자신도 창업자 마쓰시타의 업적과 유지에 누가 되지 않을까 노심초사하여 창업자와 관련된 기록을 낱낱이 훑어보았다고 한다.

그 결과 1970년대 구미 경제인과의 간담회에서 "마쓰시타라는 회사 명칭과 내쇼날이라는 브랜드는 글로벌 경영자들에게 알아듣기 힘든 것이 아닌가"라는 질문에 마쓰시타가 다음과 같이 대답한 기록이 있었다고 한다. "언젠가 회사 명칭이나 브랜드를 바꿀 때가 올 것이다." 결단을 주저하던 경영진들에게 힘을 실어 준 또 하나의 마쓰시타 어록은 "스스로 내린 결단은 확신을 갖고 실행하라"는 말이었다.

마쓰시타가 정말 회사 명칭을 바꿀 의도가 있었는지는 알수 없지만 경영진들이 노심초사했음은 분명하다. 마쓰시타는 사후에도 회사 경영진에 영향을 미칠 정도의 카리스마를 지니고 있었다.

마쓰시타는 1894년 태어나 1989년 94세의 나이로 죽을 때까지 마쓰시타전기를 세계적인 기업으로 만든 전설적인 인물이다. 1918년 오사카의 조그마한 집을 빌려 100엔의 자본금으로 출발했던 마쓰시타전기는 오늘날 매출액 10조 엔에 이르는 거대기업이 됐다. 창업에서 거대기업으로 성장하기까지 마쓰시타의 공적은 '경영의 신'이라는 한마디에 농축돼 있다고 해도 과언이 아니다.

마쓰시타가 일본 국민들로부터 경영의 신으로까지 추앙받

는 데는 그만한 이유가 있다.

첫째, 무에서 유를 창조한 입지전적인 인물이라는 점이다. 보잘것없는 학력과 가난에도 불구하고 기업가정신으로 일관된 그의 행적은 여타 대기업의 성장과 대조적이다. '미쓰이', '미쓰비시' 등의 재벌은 19세기 후반 산업화과정에서 정부의 강력한 지원을 받았고, 라이벌 관계인 '소니'조차 창업자의 한 명인 모리타 아키오 가문의 자본력이 있었다.[1]

둘째, 본업에 충실했다는 점이다. 물론 제2차 세계대전 당시 군부의 강요에 의해 한때 조선이나 항공기 사업을 한 적이 있지만 시종일관 전기·전자 사업에 전념한 것이 사실이다. 이것은 투기로 가산을 탕진한 부친의 영향을 받은 탓도 있겠지만 한 우물을 파는 일본 전통 상인정신의 영향이 크게 작용했다고 할 수 있다.

셋째, 기업의 영속적 발전을 우선시했다는 점이다. 일본의 많은 대기업이 그렇듯이 마쓰시타전기의 경우에도 경영권의 세습은 이루어지지 않았다.[2] 마쓰시타는 아들에게 경영권을 물려주었지만, 자질이 부족하다고 판단한데다 사내 구성원들의 평가가 좋지 않자 전문경영인을 중용하는 결단을 내린 바 있다.

넷째, 종업원 중시의 경영철학이다. 마쓰시타는 불황이 닥쳐도 종업원의 고용을 최대한 보장하는 정책을 고수하려 했다. 1930년 공황 당시 다른 대기업들이 감원을 단행할 때에도 마쓰시타는 단 한 명도 해고하지 않는 이른바 종신고용의 신화를 만들어 냈다.

이외에도 마쓰시타가 일본경제와 기업경영사에 남긴 족적
은 창대하다. 그런 만큼 그에 관한 기록이나 저작·논문은 놀
랄 정도로 많고 지금도 계속 나오고 있다. 한국이나 구미에서
도 마쓰시타와 그의 경영방식, 마쓰시타전기를 소개하는 책들
이 적지 않다.

이처럼 방대한 자료를 접하면서 필자는 가급적 객관적 사
실, 기업경영의 본질 및 역사적 배경 등에 기초하여 마쓰시타
를 기술하고자 했다. 지나치게 그의 철학이나 이념적인 부분
을 강조하여 신격화하거나, 반대로 지나치게 폄하하는 경우
마쓰시타의 인간적인 고뇌와 갈등, 마쓰시타 경영의 본질적인
부분을 간과할 수 있다고 판단했기 때문이다.

태생적인 가난과 병약함, 학업의 중단과 어린 나이의 사회
진출, 형제들의 몰사와 외아들의 병사 등 청년기까지 마쓰시
타의 인생은 고난의 연속이었다. 그는 기업경영이나 기술을
고등교육기관에서 배우거나 철학이나 사상을 정립하고 기업
을 시작한 것도 아니다. 경영자로서의 그의 성공은 현장에서
체득한 경험, 시행착오와 위기극복의 과정에서 터득한 위기관
리 능력, 시장 중시의 감각 등이 어우러진 산물이었다.

이러한 점을 고려하여 이 책에서는 가능하면 마쓰시타의
인생 역정을 중심으로 기업 성장과정에서의 에피소드, 비즈니
스의 본질에 비추어 본 마쓰시타 경영방식의 특징을 담고자
했다. 마쓰시타가 저술한 책이나 마쓰시타 관련 기관의 자료

도 이용했지만 객관적인 사실에 입각한 전문서와 논문을 많이 참고했다. 아울러 일본경제 및 기업경영사와 관련된 각종 자료들을 토대로 글을 구성했음을 밝힌다.

역경을 딛고

부친 마사쿠스의 파산

마쓰시타 고노스케는 1894년 11월 27일 와카야마현의 와사무라에서 마쓰시타 마사쿠스와 도쿠에다의 8형제(3남 5녀) 중 막내로 태어났다. 마쓰시타가 4세가 되던 해까지만 해도 비교적 유복한 가정환경 속에서 자랐다. 부친인 마사쿠스는 선조로부터 물려받은 약 18만 4,000평의 토지를 소유하고 있었고, 소작인만 7명을 두고 있었다. 또한 마사쿠스는 1889년부터 2회에 걸쳐 촌의회의 의원을 지내는 등 마쓰시타 가문은 인근에서 모르는 사람이 없을 정도였다.

그러나 마쓰시타가 4세 때인 1899년 마쓰시타 집안은 갑자기 몰락했다. 부친인 마사쿠스가 쌀의 선물거래에 손을 댄 것이 화근이었다. 요즘에 비유하자면 주식에 거액을 투자했다가 모든 재산을 날린 것과 다름없었다.

당시 와카야마시(市)에는 미곡거래소(1894년 개설)가 설치돼 있었는데, 마사쿠스는 집에서 10킬로미터나 떨어진 이곳을 매일같이 드나들며 쌀의 선물거래에 거액을 투자하고 있었다. 선물거래란 쌀이 생산되기 전에 미리 특정금액으로 계약을 하는 것을 말한다. 만일 계약 종료 시점(쌀 인수도 시점)에서 쌀 가격이 계약 당시의 가격을 밑돌면 손해를 보고, 웃돌면 이득을 보는 것이다.

당시 경제상황은 매우 불안정해 물가의 급등락이 심했던 시절이어서 선물거래는 상당한 리스크를 동반한 일종의 투기적 거래였다. 쌀 가격만 해도 1897년의 흉작으로 1898년 쌀 가격은 36퍼센트 상승했으나 1899년에는 반대로 33퍼센트나 폭락했다. 이 시기에 마쓰시타의 부친은 시세와는 정반대의 방향으로 거액을 걸었던 셈이다.

형제 몰사의 비극

결국에는 전답과 집을 모두 잃고 일가족이 그 마을에서 살 수 없는 지경에까지 이르렀다. 후일 마쓰시타가 본업 이외의 투기 행위를 혐오했던 것은 당시 부친의 투기 실패에 영향을 받았기 때문이다.

1899년 겨울, 대저택에 살던 마쓰시타 일가는 가재도구만 챙긴 채 고향에서 쫓겨나다시피 해 와카야마 시내의 조그만 집으로 이주했다. 마사쿠스는 지인의 도움으로 겨우 게다를 판매하는 가게를 열지만 이마저도 장사가 여의치 않아 2년 만에 문을 닫았다. 장남 이산로까지 다니던 중학교를 그만두고 부친의 일을 도왔지만 역부족이었다. 마쓰시타는 당시를 회상하면서 늘 배고팠던 것과 부친이 가짜 은화를 가려내느라 골몰했던 모습이 기억난다고 회고한 바 있다.

그러나 마쓰시타 일가의 불행은 여기서 끝나지 않았다. 곤궁한 생활이 계속되던 1900년 가을 18세이던 차남이 전염병으로 죽었고, 반년 후인 1901년 4월에는 21세의 차녀도 병으로 죽었다. 그해 여름에는 와카야마방적에 갓 취직해 가계에 도움을 주던 장남도 24세에 결핵에 걸려 요절했다.

이후에도 형제들의 죽음은 이어져 1904년에는 3녀 치요가 21세의 나이로, 4녀 하나가 17세의 나이로 사망했고, 1919년에는 5녀 아이가 28세의 나이로 죽었다. 마쓰시타 이외에 마지막 남은 형제였던 장녀 이와는 1921년에 46세의 나이로 사망했다.

형제들이 어린 나이에 잇달아 사망한 것은 당시 의료기술과 의료기관이 열악했던데다 가난으로 제대로 의료혜택을 받지 못했던 탓이었다. 특히 1900~1901년 차남과 장남의 잇단 죽음은 마사쿠스와 무메노 도쿠에다 부부에게 엄청난 충격이었고 그들의 기대는 자연히 하나 남은 아들 마쓰시타로 향할 수밖에 없었다.

소학교 중퇴 후 오사카로

마쓰시타는 1901년 소학교에 입학했다. 4학년 도중에 중퇴를 하기까지 마쓰시타의 성적은 106명중 45등으로 중간 정도였다. 당시 소학교는 4학년을 마치면 졸업이었는데 마쓰시타는 그조차도 여의치 않았다. 신발 장사를 접은 뒤 오사카의 맹아원에 사무직으로 취직해 있던 부친으로부터 일자리가 있으니 오사카로 곧 올라오라는 전갈이 온 것이다. 이때 마쓰시타의 나이는 불과 9세였다.[3]

오사카로 올라온 마쓰시타가 처음 들어간 곳은 미야다라는 화로를 제조·판매하는 상점이었다. 메이지유신(明治維新, 1868)으로 근대화가 시작된 지도 30년 이상 지났지만 당시 오사카에는 여전히 에도시대 상인경영의 잔재가 남아 있었다.

마쓰시타가 상점에서 처음 부여받은 신분은 '뎃치'였다. 뎃치란 상점에서 기숙(住込み, 스미코미)을 하면서 심부름을 하거나 일을 배우는 단계의 가장 낮은 신분으로 급여(小遣い, 고즈카이)도 극히 낮았다. 당시 마쓰시타가 받았던 급여는 한 달에 10센(錢: 1엔=100센, 한국어로는 '전'으로 읽는다)정도였다. 당시 만두 한 개에 1센 정도였던 점을 감안하면 마쓰시타가 받았던 10센은 급여라기보다는 용돈이라는 표현이 맞을 것이다.

울보 마쓰시타

　화로 상점에서의 생활은 불과 3개월, 주인의 사정으로 가게가 문을 닫았고 마쓰시타는 고다이상점이라는 자전거 점포로 옮겼다. 이곳에서 5년 정도 일했는데, 마쓰시타는 자전거 수리나 심부름을 하는 사환에 불과했고 자전거 판매는 할 수가 없었다.

　하루는 자전거를 사고 싶다는 연락이 왔는데 주인이 없는 관계로 마쓰시타가 고객과 상담을 하러 나갔다. 13세의 나이였다. 고객에게 10퍼센트 할인해 주기로 하고 의기양양하게 돌아온 마쓰시타에게 떨어진 것은 주인의 불호령이었다. 허락없이 영업에 나선데다 할인판매를 금하는 주인의 영업방침마저 어겼기 때문이다. 심한 꾸지람을 들은 마쓰시타는 대성통곡을 하면서 주인에게 사정했다. 얼마나 울어 댔던지 주인은 결국 5퍼센트 깎는 것을 허용했고 마쓰시타는 겨우 체면을 세울 수 있었다. 마쓰시타의 이야기를 전해들은 고객은 5퍼센트 할인된 가격으로 자전거를 구입하는 한편 마쓰시타가 있는 한 그 가게의 자전거를 사겠다고 했다고 한다.

　당시 가게의 주인 부부는 자식이 없었는데 어린 마쓰시타를 자식처럼 아꼈다고 한다. 다음 사진은 마쓰시타가 주인의 부인과 찍은 것인데 훗날 마쓰시타는 그 사진을 찍었던 곡절을 다음과 같이 회고한 적이 있다.

　"원래 점원들과 단체 사진을 찍기로 돼 있었는데 늦게 가는 바람에 찍지를 못했다. 분해서 엉엉 울었더니 부인께서 둘이서 사진을 찍자고 해 사진을 찍었다."

두 가지 일화에서 보듯이 어린 시절 마쓰시타는 울보였다. 어린 시절 집을 떠나 부모의 사랑을 받지 못했지만 고다이상점 주인 부부의 따뜻한 보호 속에서 자랄 수 있었던 것은 그나마 마쓰시타에게 큰 위안이 됐다.

마쓰시타가 고다이상점에서 뎃치로 일하던 시절 사장의 부인과 함께 찍은 사진(1905년 10세 때).

전기에 눈을 뜨다

마쓰시타는 일에 열중했고 은륜에 반한 나머지 당시 유행하기 시작한 자전거경주 대회에 참가하기도 했다. 자전거포도 날로 번성했으나 마쓰시타는 점차 전기에 끌리기 시작했다. 오사카에 전차가 처음 등장한 것은 1903년의 일로 1910년 무렵에는 시내 곳곳에서 전차 부설 공사가 한창이었다. 자전거로 시내를 이곳저곳 다니던 마쓰시타의 눈에 전기라는 신천지가 열리고 있었던 것이다.

전기에 대한 열망은 마쓰시타를 오사카전등회사(大阪電灯会

13

社, 현재의 關西電力)로 이끌었다. 전기회사로 옮기기로 결심은 했지만, 막상 자식처럼 돌봐 주던 주인 부부에게 자전거포를 그만두겠다고 이야기를 꺼내기가 곤란했다. 생각 끝에 모친이 위급하다는 전보를 자신이 보내는 방법으로 겨우 주인의 승낙을 얻어 자전거포를 그만둘 수 있었다. 계속 자전거포에 있었다면 어느 정도 지위에 올라 중류의 생활을 할 수는 있었을 것이다.

마쓰시타는 의도한 대로 지인을 통해 오사카전등의 옥내배선 부서에 취직했다. 이때가 1910년, 당시 대부분의 사람들은 전기를 무서워하고 그 취급에도 어두웠으므로 전기공이 공사하러 가면 무슨 특수한 기술자가 온 것처럼 그들을 경외의 눈으로 보기조차 했다고 한다.

마쓰시타가 처음 부여받은 직무는 옥내배선 공사의 견습공이었다. 수 주간의 수습기간을 거친 후 마쓰시타는 옥내배선 공사를 맡았고 초임급은 월 1엔이었다. 오사카전등은 당시 신흥회사여서 승진 속도가 매우 빨랐다. 3개월이 지나자 마쓰시타는 다카쓰영업소로 전근했고, 직급도 견습공에서 직공으로 승진했다.

승진에 따라 급여도 상당히 올랐지만 관리직이나 사무직에 비하면 노동의 강도는 훨씬 셌다. 작업설비가 열악했기 때문에 작업 도중 사망할 위험도 있었다. 마쓰시타는 출장일을 하기도 하고 대저택의 배선 공사, 해수욕장이나 극장의 조명 등 대형의 공사를 담당하여 실력을 발휘하기도 했다. 그러나 대

뒷줄 왼쪽부터 마쓰시타 고노스케, 처남 이우에 도시오, 처 무메노.

부분의 일이 단순작업이어서 지루한 감도 있었다.

어느 정도 시간적 여유도 생기자 중도에 그만둔 학업을 계속하고 싶었다. 마쓰시타는 1913년 간사이 상공학교 예과에 입학했지만 2년도 지나지 않아 중퇴했다. 성적은 308명중 175등 정도였고 학교생활에 별 흥미를 느끼지 못했다. 흔히 마쓰시타는 소학교 중퇴가 최종학력이라고 하지만 엄밀히 말하면 중등교육과정 중퇴가 맞는 것이다.

새로운 결심

그해에는 모친이 57세의 나이로 사망했다. 그때 처음으로 결혼을 하고 싶은 마음이 생겼다고 한다. 당시에는 중매결혼이 대세였기 때문에 모친이 없는 상황에서 그가 결혼 중매를 부탁할 데라고는 큰누나밖에 없었다. 누나의 중매로 1915년 이우에 무메노와 결혼한다. 무메노는 상점과 농업을 겸업하는 집안 출신이었다.

2년 후 마쓰시타는 검사원으로 승진했다. 검사원으로 승진한 후에는 시간 여유도 생기고 손을 더럽히는 일도 적어졌다. 그러나 그동안의 무리한 노동의 후유증이었던지 건강이 악화됐다. 한번은 해수욕장에서 돌아오다가 각혈을 하여 의사로부터 반년쯤 요양을 해야 한다는 말을 듣기도 했다. 마쓰시타를 엄습한 것은 자신도 큰형처럼 폐병에 걸려 일찍 죽을지 모른다는 극도의 두려움이었다. 그러나 당시 회사는 일급제였고 집안도 어려운 터라 장기 요양을 할 형편이 아니었다.

한편 마쓰시타는 그나마 큰 일이 없었던 검사원 신분이라 5시간 정도만 일하고 나머지 시간을 전기기구 연구에 시간을 썼다. 마침내 '개량소켓'의 시제품을 개발한 마쓰시타는 상사에게 이것을 들고 갔지만 상사는 전혀 관심을 보이지 않았다. 당시 마쓰시타는 얼마나 분했던지 자신도 모르게 눈물이 나왔다고 한다.

훗날 마쓰시타는 자신의 제품에 중대한 결함이 있었음을 알았지만 이때만 해도 마쓰시타에게는 "검사원 일에 대한 환멸과 소켓에 대한 자신감이 상승작용을 일으켜 직장을 그만둘 생각을 하기 시작했다. 스스로 소켓을 만들어 상사가 틀렸음을 보여 주자"는 일념뿐이었다.

마쓰시타전기의 탄생

소켓 판매 실패

마쓰시타가 오사카전등을 그만두고 독립하기로 결심한 것은 1917년 6월, 22세 때의 일이다. 회사를 그만두고 사업을 결심했지만 그의 수중에는 퇴직금, 적립금, 저축을 모두 합쳐 100엔 정도만이 있을 뿐이었다. 이 돈으로는 기계를 한 대 구입하기에도 모자랐다.

어떻게든 소켓을 만들 공장이 필요했기 때문에 당시 살고 있던 오사카 이카이노의 셋집을 개조하여 주거 겸 공장으로 했다. 2평 남짓의 방과 1평 남짓의 방 2개 가운데 큰방의 다다미를 뜯어내고 공장으로 썼다. 처 무메노와 처남 이우에 도시오(井植歲男, 후일 산요전기(三洋電機) 창업자)가 일을 도왔고 오사카전등 시절 동료였던 모리타 엔지로, 하야시 이산로가 가세하여 5명이 일을 시작했다. 공장을 차리는 데 부족한 돈은 하야시의 친구로부터 100엔을 빌려 보탰다.

그러나 시작한 지 얼마 되지 않아 마쓰시타는 벽에 부딪혔다. 나름대로 자신을 갖고 만들었던 전구 소켓을 도매상들이 거들떠보지도 않았다. 마쓰시타는 문득 오사카전등 검사원 시절 상사에게 퇴짜를 맞았던 기억이 났다. 두꺼운 벽에 부딪히고 보니까 상사의 눈이 정확했다는 것을 깨닫고 자신의 미숙함을 반성했다. 판매의 중요성, 시장의 중요성을 깨닫는 순간이었다.

오기도 생겼지만 현실적으로 공장을 계속 운영한다는 것이 불가능했다. 처 무메노는 마쓰시타 몰래 옷이나 반지를 전당포에 맡기곤 했지만 역부족이었다. 결국 일을 도와주던 두 명의 동료마저 훗날을 기약하며 떠나보낼 수밖에 없었다.

창업 후 최초의 좌절은 많은 생각을 하게 만들었다. 사업에 실패하는 것은 자기 개인의 문제로 끝나는 것이 아니라 종업원이나 관련된 사람들에게 피해를 입힌다는 사실을 깨달았다.

구원의 손길

생활은 전보다 곤궁해졌지만 전기기구 개발에 대한 열망은 접을 수가 없었다. 이때 뜻밖의 희소식이 들려왔다. 그해도 저물어 갈 무렵 전부터 알고 지내던 한 전기 상점 주인으로부터 생각지도 않은 제의가 들어왔다. 가와기타전기[4]라는 선풍기 제조공장에서 그때까지 도기제였던 선풍기의 바닥 판을 인조수지로 만들려 하는데 마쓰시타의 소켓 제조기술을 응용하여 만들 수 없겠느냐는 것이다.

못할 것이 없다는 생각에 시작하기로 하지만, 마쓰시타는 우선 인조수지에 대한 지식이 없었고 아무도 알려 주지 않았다. 하는 수 없이 인조수지 공장이 있는 곳에 가서 버려진 조각들을 주워 성분이나 배합비율을 분석했지만 도무지 알 수가 없었다. 그때 마침 인조수지를 만든 경험자의 도움을 받을 수 있어 인조수지를 다룰 수 있었다.

당장 선풍기 바닥 판 1,000개의 주문이 들어왔다. 납기에 맞추기 위해 밤낮으로 일을 했고, 마침내 160엔의 매출과 80엔의 이익을 올릴 수 있었다. 소켓 자체는 실패했지만 소켓을 팔기 위해 도매상을 발로 뛰었던 덕분에 그의 열정을 높이 산 한 도매상으로부터 도움을 받을 수 있었던 것이다. 다음해 1월에는 2,000개의 주문이 추가로 들어왔다.

어느 정도 자금을 마련한 마쓰시타는 소켓을 다시 만들기로 했다. 작업장을 물색한 끝에 오사카의 오오히라키초의 조그마한 2층 집을 월세로 빌렸고 회사 이름도 '마쓰시타전기기구제작소'로 정했다. 이날이 1918년 3월 7일, 바로 마쓰시타전기의 창업일이다.

당시 기계는 프레스기 2대뿐이고, 공장이라 하기에는 영세

1918년 3월 7일 오사카의 오오히라키초에서 마쓰시타전기기구제작소를 창업할 당시의 건물.

했지만 처음에 비하면 훨씬 크고 넓었다. 다시 소켓 개발에 전념하기 시작했고 고생 끝에 새로운 '어태치먼트 플러그'를 만드는 데 성공했다. 종래의 소켓에 비해 사용하기 편하도록 개량했고 독창적인 제작방법으로 값도 싸게 하고 모양도 새롭게 했다. 도매상들의 평이 좋았고 입소문을 타면서 주문이 계속 들어왔다.

매출이 늘어나 오래지 않아 재정상태도 호전됐고 도매상들에게도 이름이 알려졌다. 종업원도 5명 정도 늘려 이번에는 '2단 소켓'의 개량에 착수하여 실용신안 특허도 받고 어태치먼트 플러그를 능가할 정도의 호평을 받았다. 창업한 지 채 1년도 지나지 않아서였다.

우여곡절 끝에 도쿄 진출 성공

어태치먼트 플러그와 2단소켓의 개발로 마쓰시타는 상당한 성공을 거둘 수 있었다. 이때 그가 만든 제품이 좋다는 소문을 듣고 오사카 시내의 요시다상점으로부터 총대리점 자격의 판매권을 자기들에게 주지 않겠냐는 제의가 들어왔다.

자기들은 오사카뿐만 아니라 도쿄 방면에도 손을 뻗치고 있어 도쿄에까지 판매가 가능하다고 했다. 마쓰시타로서는 솔깃한 얘기였다. 다만 판매가 늘어나는 만큼 생산설비와 인원을 늘려야 하는데 자금이 모자랐다. 요시다상점과 교섭하여 요시다상점으로부터 3,000엔을 빌리기로 하고 요구에 응했다.

요시다상점에 판매를 일괄해서 맡긴 처음에는 오사카뿐만 아니라 도쿄에서의 판매도 순조로운 듯 보였다. 그러나 얼마 되지 않아 도쿄 쪽에서 큰 문제가 발생했다. 마쓰시타의 제품이 잘 팔리니까 동종 업계의 업자들이 결속해서 가격 덤핑으로 대항해 왔던 것이다. 그러나 상당한 가격경쟁력이 있었으므로 도쿄의 업자들이 가격을 내렸다 해도 마쓰시타가 버틸 여지는 충분히 있었다. 마쓰시타의 제품이 저렴했던 이유는 소켓의 쇠붙이 나사 부분에 헌 전구의 폐부품을 사용하는 등 제조비용을 훨씬 줄이는 독특한 창안을 했기 때문이다.

문제는 요시다상점의 태도였다. 도쿄 업자들의 저항이 예상 외로 강력해지자 요시다상점 측에서 총대리점 계약을 해지할 것을 요구해 왔다. 마쓰시타는 도쿄 쪽의 판로도 문제였지만 요시다상점으로부터 꾼 돈 3,000엔이 걱정이었다. 그러나 요시다상점도 불과 몇 달도 되지 않아 계약을 취소하는 약점을 안고 있었기 때문에 꾼 돈에 대한 문제는 마쓰시타가 일을 해 가면서 갚는 선에서 해결됐다.

마쓰시타는 일단 급한 불은 껐지만 늘려 놓은 인원과 설비 부담을 어떻게 할 것인지, 새로운 판로를 어떻게 개척할 것인지에 대한 더 큰 문제가 남아 있었다. 요시다상점에 판매 일체를 위탁하여 기존의 도매상들과는 직접적인 거래가 잠시 단절됐기 때문이다. 오사카의 도매상들을 다시 찾아다니면서 하나하나 교섭을 해 나갔지만 그것만으로는 한계가 있었다.

결국 거대시장 도쿄를 다시 개척하는 것이 관건이라고 판단한 마쓰시타는 직접 도쿄로 향했다. 태어나서 처음으로 그것도 생면부지의 도매상들을 일일이 찾아다니며 상담을 해야 하는 입장이었다. 지도를 손에 들고 도매상을 찾아다녔고 반응이 냉담한 곳도 있었지만 예상외로 호응이 괜찮았다. 이튿날 다시 돌아다니면서 상당한 주문을 받아 오사카로 돌아올 수 있었다.

그 후 도쿄 방면의 판로도 점차 확충돼 마쓰시타가 한 달에 한 번 상경하는 정도로는 감당할 수가 없었다. 그래서 1920년부터는 처남 이우에 도시오를 도쿄에 상주토록 했다. 총대리점 계약 파기와 판로 단절이라는 난국이 오히려 도쿄 판로 개척이라는 기회로 돌아왔고, 짧은 기간에 매출이 크게 신장되는 성과를 올렸다. 위기에 굴하지 않는 마쓰시타의 투지가 빛을 발한 순간이었다.

오사카상인의 기질이 빛을 발하다

사업이 점차 커지자 본격적으로 공장 건설에 착수하기로
했다. 창업 4년째인 1922년의 일이었다. 공장이 45평, 사무실
과 주거가 25평, 도합 70평 정도의 부지를 책정하고 건축업자
를 물색했다. 그 결과 7,000엔 남짓한 견적이 나왔다. 설비나
운전자금까지 포함하면 1만 엔 정도의 자금이 필요했지만 마
쓰시타의 수중에 있던 여유자금은 4,500엔 정도에 불과했다.
경영실적이 좋아졌다고는 해도 회사는 여전히 영세한 규모였
고 은행으로부터 융자를 받을 만한 신용도, 담보도 없었다.

공장 건설을 주저하던 마쓰시타는 용기를 내 건축업자에게
도움을 청했다. 자신의 사업과 재무상황을 설명하고 부족한
건축비는 매월 갚아 나갈 테니 돈을 빌려 달라는 것이었다. 담
보도 없는 조건이라 듣기에 따라서는 뻔뻔스러운 제안일 수도
있는데 건축업자는 흔쾌히 그 제안을 받아들였다. 도쿄 판로
를 개척할 당시도 그랬지만 마쓰시타는 위기를 정면으로 돌파
하는 오사카상인의 기질을 지니고 있었다. 만약 마쓰시타가
자신의 사업에 대해 과장된 설명을 하거나 비굴한 표정을 지
었다면 그 업자는 거절했을지도 모른다. 건축업자에게는 마쓰
시타의 의연한 태도, 자신감이 바로 신용이었다.

23

소켓에서 램프 개발로 발전

창업 때부터 마쓰시타전기기구제작소에서 만든 제품의 특징은 철저한 실용성 추구이다. 1923년에 발매된 '포탄형 전지식 램프'도 그 가운데 하나였다.

포탄형 전지식 램프는 자전거용이었다. 당시 야간에 자전거를 타고 다닐 때 자전거용 조명은 촛불을 켠 초롱이나 석유램프가 고작이었다. 전지식인 것도 있기는 했지만 기껏해야 두세 시간밖에 가지 않았고 고장도 잦아 별로 실용적이지 못했다. 그런데 마쓰시타의 제품은 수명이 40~50시간이나 될 정도로 성능이 좋았고, 성능 대비 가격 면에서도 종래의 전지식 제품과는 비교도 안 될 정도로 획기적이었다.

마쓰시타가 이것을 만든 동기는 자전거포에서 점원으로 일할 당시의 경험 때문이었다. 성능이 떨어지는 자전거 등불 때문에 밤에 자전거로 달리다가 한두 번 넘어진 것이 아니었다. 자전거 그 자체는 근대적인 것인데 야간주행 시의 길을 밝혀야 할 조명은 지극히 원시적이어서 뭔가 개량이 필요하다는 생각을 했다.

이처럼 체험에서 우러나온 것인 만큼 고안하는 데 있어서도 철저하게 실용성을 추구했다. 설계에서 시험제작까지 모두 직접 하고 시제품이 수십 종류에 이를 정도로 개량에 개량을 거듭했다. 그 때문에 제품이 탄생되기까지에는 상당한 기간이 소요됐다.

그리고 마침내 완성되던 날 마쓰시타는 마치 고향으로 돌아가는 듯한 느낌이었다고 한다. 자전거와 전기에 접하면서 구상했던 꿈이 현실로 실현되는 순간이었기에 그 기쁨은 배가 됐음에 틀림없다.

과감한 역발상으로 시장을 창출

이처럼 심혈을 기울여 개발한 제품이었지만 오사카 시내 도매상의 반응은 극히 냉담했다. 도쿄 쪽도 마찬가지였다. 사업을 처음 시작했을 때 실패의 악몽이 되살아나는 듯 했다. 이유를 곰곰이 생각하던 마쓰시타는 도매상들이 판매를 주저하는 것도 일리가 있다고 생각했다. 즉, 종래의 전지식 자전거 램프가 워낙 원시적인 것이었기 때문에 도매상이나 소비자들 사이에 깊은 불신이 형성돼 있었던 것이다.

신제품에 결함이 있어 문제가 생기면 그것만 고치면 된다.

1924년 당시의 공장 작업 모습.

그러나 자전거 램프 전체에 대한 뿌리 깊은 불신을 제거하기
란 쉽지 않은 일이었다. 고민 끝에 마쓰시타가 택한 전략은 도
매상을 설득하기보다는 판매 최전선인 소매상을 파고 들어가
는 것이었다. 즉, 특정 지역과 자전거 소매상을 선정하고 일일
이 찾아다니면서 제품을 무료로 빌려 주고 직접 시험해 보도
록 한 뒤 수요자의 반응을 살펴보는 것이었다. 30시간 이상
점등 시험을 해서 성능이 확인되면 도매상을 통해 구입을 요
청하도록 권유했다.

　반응은 기대 이상으로 좋았고 제품은 입소문을 타고 퍼졌
다. 도매상들로부터 주문이 크게 늘자 신문광고로 대리점을
모집하여 판매 지역을 더 넓혔다. 이듬해인 1924년에는 한 달
에 1만 개 이상 판매돼 공장도 증설했다.

　당시로는 현대 마케팅 기법을 알 리 없었지만, 마쓰시타가
행한 시장개척 방법은 테스트 마케팅(test marketing), 구전 마케
팅(mouth-to-mouth marketing)에 다름 아니었다.

위기와 성장

관동대지진을 전화위복의 기회로

1923년 9월 1일에 발생한 관동대지진은 도쿄 지역의 판매에 직격탄을 날렸다. 도쿄에 주재하고 있던 처남 이우에 도시오는 가까스로 살아남아 오사카로 돌아올 수 있었다. 오사카로 돌아오는 일도 간단치 않았던 모양이다. 도쿄와 오사카를 잇는 도카이도선이 지진으로 불통이었기 때문에 이우에는 하는 수 없이 호쿠리쿠를 돌아 한참이나 걸려 올 수 있었다.

그런데 가까스로 살아 먼 길을 돌아온 이우에는 숨 돌릴 틈도 없이 도쿄로 다시 가라는 마쓰시타의 지시를 받았다.

"지금은 중요한 때다. 다시 도쿄로 돌아가 거래처를 다녀라.

27

외상금은 절반만 받아라. 지금부터 파는 제품의 가격은 올리지 말라."

이우에는 놀랐다. 도쿄는 지금 모든 것이 폐허가 돼 물가가 폭등하고 있는데 가격을 올리지 말라니. 식료나 생활필수품을 이전 가격 그대로 받는다는 것은 상식적으로 납득이 가지 않는 일이었다.

그렇다 해도 사장의 말을 따를 수밖에 없었다. 도쿄로 돌아간 이우에는 거래처를 다니면서 마쓰시타의 뜻을 그대로 전했다. 거래처 사람들은 기쁨을 감추지 못하고 이우에를 향해 몇 번이나 절을 했다고 한다. 그리고 소문을 들은 도매상들이 현금을 들고 이우에를 찾아왔다. 오사카의 창고에 있던 재고가 모두 도쿄로 향했음은 물론이다.

결과적으로 관동대지진은 마쓰시타의 명성을 도쿄에까지 전파하는 중요한 계기가 됐다. 위기와 역경을 기회로 반전시키는 마쓰시타의 뛰어난 상재가 또 한 번 번뜩인 순간이었다. 1934년 오사카에 대형 태풍이 몰아쳐 거래선의 피해가 막심할 때에도 마쓰시타는 피해를 당한 거래처에 거액의 위로금을 전달한 적이 있었다. 눈앞의 이익을 좇기보다 긴 안목으로 사람과 거래처를 얻는 마쓰시타의 대국적인 안목이 엿보였던 일화이다.

'내쇼날' 브랜드의 탄생

일본어 표기로 '나쇼날'이라는 브랜드가 탄생한 것은 1925년
이다. 당시 포탄형 램프의 후속 모델인 '각형 램프'를 개발하
고 있던 마쓰시타는 어느 날 신문기사에서 본 인터내쇼날이라
는 단어에 착안하여 내쇼날 브랜드를 만들었다고 한다. 내쇼
날 상표를 단 상품 제1호는 1927년 출시된 각형 램프였다.

포탄형 램프의 판매권은 오사카의 거대상인 야마모토상점
에 있었지만 각형 램프를 출시할 즈음 마쓰시타는 야마모토상
점으로부터 판매권을 회수하여 자신이 직접 판매하기로 결심
했다.

앞서 포탄형 램프를 광고할 때처럼 뭔가 좋은 선전방법이
없을까 궁리한 끝에 다시 한 번 실물 선전 방법을 쓰기로 했
다. 각형 램프 1만 개를 시장에 뿌리는 대담한 시도를 해 볼
작정이었다. 그러기 위해서는 건전지 납품업체인 오카다건전
지의 협력이 필요했다.

마쓰시타는 오카다 사장을 찾아가 연내 20만 개를 팔 자신
이 있으니 선전용 제품에 들어갈 건전지 1만 개를 무료로 제
공해 줄 것을 제안한다. 어차피 20만 개를 팔면 당신은 나한
테 1만개 정도에 상응하는 상을 주지 않겠느냐, 그럴 바에는
지금 달라는 식의 제안이었다. 듣고 있던 오카다는 그 자리에
서 흔쾌히 승낙했다.

그러나 선전용 램프는 1만 개도 필요 없었다. 1,000개가 나

가기도 전에 주문이 쇄도하기 시작했고 연말까지 판매량은 당초 마쓰시타가 약속했던 20만 개를 훨씬 넘어 47만 개에 달했다. 건전지 47만 개 매출은 오카다건전지 창업 이래 처음 있는 일이었을 뿐만 아니라 건전지 업계에서도 초유의 실적이었다. 거래처를 찾아다니는 일이 없고 깐깐하기로 유명했던 오카다 사장이지만 정월 초이튿날 정장을 하고 마쓰시타를 찾아 건전지 1만 개분의 반환금과 감사장을 내놓을 정도였다.

스미토모은행과의 인연

사업이 번창하던 1927년 일본에 금융공황이 발생했다. 발단은 그해 3월 의회에서 행한 가타오카 나오하루 대장상의 실언 때문이었다. 도쿄와타나베은행이 어음결제 불능 상태에 빠져 휴업 중이라는 잘못된 정보를 흘렸고 이는 일파만파로 번져 예금을 인출하려는 고객들이 은행으로 몰려가는 사태로까지 번졌다.[5]

당시 마쓰시타전기의 주거래 은행이었던 주고은행도 경영 파탄에 직면했다. 주고은행은 일명 '귀족은행'이라 불릴 정도로 귀족의 출자 비중이 높았고 자본금이 튼튼했기 때문에 믿을 만한 은행이었다. 그러나 가와사키조선 등 대주주인 마쓰가타가와 밀접한 관계의 회사에 대한 대출금의 회수가 곤란해져 경영파탄에 이르렀던 것이다.

마쓰시타전기는 이 은행에 예금이 있었지만 은행경영이 어려워지자 예금 인출이 막혀 버렸다. 이러한 상황을 구제해 준 은행이 스미토모은행이었다. 사실 마쓰시타전기는 스미토모은행과 거의 거래가 없었고 소규모의 예금이 막 시작되던 시점이었다.

스미토모은행이 마쓰시타전기에 긴급자금을 융자해 준 내막은 2년 전인 1925년으로 거슬러 올라간다. 당시 공장이 있던 니시노다에 스미토모은행의 지점이 생겼고 이토라는 직원이 마쓰시타전기를 찾아왔다. 예금유치 목적이었다. 주거래은행이 주고은행임을 몇 번이나 이야기해도 계속 마쓰시타를 찾아왔다. 이토가 8번이나 찾아오는 성의와 집요함에 탄복한 마쓰시타는 이렇게 말했다.

"그러면 담보 없이 신용으로 대출을 해 주시오. 우리 회사의 신용은 결산자료입니다."

건축업자에게 돈을 빌릴 때나 오카다전기에 무료 건전지 1만 개를 요구할 때나 다름없는 마쓰시타 특유의 배짱이 나왔다. 지점으로 돌아간 이토는 상사에게 보고했고 이를 보고받은 다케다 스나오가 마쓰시타를 찾아왔다.

"제가 오랫동안 은행에 근무했지만 예금실적이나 담보도 없이 신용으로 융자해 달라는 경우는 처음입니다. 당신의 경영에 대한 자신감에 감명 받았습니다."

다케다는 본사에 보고한 후 당좌개설이 가능하도록 노력하겠다고 답한 뒤 돌아갔고, 다케다의 강력한 요청으로 마쓰시타전기에 대한 당좌개설이 성사됐다. 스미토모은행 역사상 전례가 없던 일이었다.

금융공황이 나자 스미토모은행은 약속대로 개설된 당좌에 거액을 넣어 주었고 덕분에 마쓰시타전기도 자금난에서 벗어날 수 있었다. 이후에 스미토모은행과의 장기에 걸친 거래와 상호 신뢰관계는 지금까지도 이어지고 있다.

'쇼와공황'의 극복과 종신고용

마쓰시타는 1929년 회사명을 '마쓰시타전기제작소'로 바꿨다. 사명 변경에 즈음해 마쓰시타는 기업의 사회적 책임을 강조했다. 또한 사내교육을 충실하게 하기 위해 신규 채용자에 대한 '견습점원 제도'를 도입했다.

이런 가운데 1929년 말부터 세계 대공황의 영향이 일본에 미치기 시작했다. 같은 업종에서 도산 기업이 속출하는 가운데 마쓰시타전기 역시 매출이 절반 이하로 줄고 창고의 재고는 산더미처럼 쌓였다. 생산의 감소와 종업원의 감원은 피할 수 없는 선택으로 보였다. 건강이 좋지 않아 자택에서 요양 중이던 마쓰시타에게 종업원의 감원은 부득이하다는 간부들의 건의가 들어왔다.

이때 마쓰시타가 내놓은 처방은 간부들의 예상을 뒤엎었다. "생산의 반감은 어쩔 수 없겠지만 종업원은 단 한 사람이라도 해고해서는 안 된다. 공장은 반나절만 근무하지만 급료는 전액 지불한다. 그 대신에 사원은 휴일을 반납하고 재고를 일소

하는 데 전력을 기울여 달라"는 것이었다.

해고의 공포에 떨고 있던 종업원들이 환호했음은 물론이다. 종업원들은 휴일도 잊은 채 재고 판매에 발 벗고 나섰고 2개월이 지날 무렵 창고의 재고는 사라지고 공장은 다시 정상 가동에 들어갔다. 정년 때까지 종업원의 정년을 보장하는 종신고용의 사례를 이야기할 때마다 곧잘 소개되는 일화이다.

마쓰시타전기의 세포분열적 성장

마쓰시타전기가 오사카에서 창업한 것은 1918년, 제1차 세계대전이 막바지에 이를 무렵이었다. 당시 일본경제는 전쟁특수로 해외수출이 급증한 덕분에 호황을 구가하고 있었다. 또한 1920년대는 생산 현장이나 가정에서 전기제품에 대한 수요가 서서히 일어나고 있었던 시기였다.

마쓰시타전기에서 개발한 전원 플러그나 전등 램프 등은 선풍적인 인기를 끌어 마쓰시타전기도 비약적으로 성장했다. 창업 20년도 되지 않은 1930년대 중반 종업원 수는 2,000명 규모로 커졌고 공장 수도 15개에 이르렀다. 창업 당시 2개였던 제품 수도 1931년 200여 종, 1937년에는 2,000여 종에 이르렀다.

특히 1930년대 마쓰시타전기의 성장은 비약적이었다. 라디오, 건전지, 전기다리미 등 사업규모의 확대와 동시에 제품의 다각화가 왕성하게 일어났다.

1935년 당시의 마쓰시타 판매점. 간판 왼편에 내쇼날 글자가 보인다.

1933년에는 일본 최초로 '사업부제'를 도입했다. 마쓰시타 전기는 제2차 세계대전 이전에 사업부를 도입한 유일한 회사였다. 사업부제는 마쓰시타의 조직관리 능력을 함축적으로 보여 주며, 마쓰시타전기의 성장과 발전에 중요한 역할을 한 것으로 평가받았다.

주식회사로 전환

마쓰시타전기가 개인회사에서 주식회사로 전환한 것은 1935년이다. 마쓰시타전기 사사(社史)에는 "사업의 급속한 확대로 인한 '사회의 공기'로서의 체제 정비"를 이유로 들고 있으나, 자금조달상의 이점, 세제상의 이점 등 현실적으로는 세제 및 재무 면의 유리한 점이 주식회사로의 전환을 촉진시켰다. 이러한 이유로 당시 미쓰이, 미쓰비시 등의 재벌도 많은 자회사를 주식회사로 전환시킨 바 있다.

주식회사로의 전환과 동시에 2년 전에 시작한 사업부제를 폐지했다. 내부의 사업부를 분리하여 자회사로 전환시키면서 주식회사화를 추진함에 따라 사업부제는 더 이상 존재의의가 사라졌다. 본사는 사업 부문이 사라짐에 따라 자본 출자와 전략적인 의미만을 갖는 지주회사(마쓰시타전기에서는 '산업본사(産業本社)'라 칭함)로 변해 버렸다.

이후에도 생산 제품의 분야는 계속 확대됐다. 1930년대 후반에는 전시통제경제의 영향을 받아 민수 중심에서 군수 관련 제품도 생산했다. 군수제품을 처음 생산한 것은 1938년의 일이다. 또한 민수품이었던 라디오, 건전지 등의 제품도 차례차례 군수제품으로 만들어졌다.

1940년대에 들어서면 마쓰시타는 군수회사를 설립하여 목조선박이나 비행기까지 제조했다. 제2차 세계대전 중에 식민지 진출도 있어 분사가 계속 만들어졌다. 패전 시까지 이른바 '산업본사'의 산하에 만들어진 자회사의 수는 누계 48개사에 이르렀다. 이렇게 해서 형성된 기업그룹을 당시 매스컴에서는 '마쓰시타산업단'이라 불렀다.

두 명의 요코즈나가 필요하다

마쓰시타가 모터 생산의 자회사를 설립한 것은 1938년의 일인데 우여곡절이 있었다. 마쓰시타가 모터를 생산하기 시작한 1933년 무렵 모터 업계는 선발 중전기 제조업체의 독점적인 지배하에 놓여 있어서 후발 제조업체가 끼어들 틈은 거의 없는 것처럼 여겨졌다. 특히 모터는 히타치와 같은 도쿄에 근거지를 둔 기업들의 전유물처럼 여겨졌다. 마쓰시타가 모터 사업에 뛰어든 데는 일본도 머지않은 장래에 한 가정에서 10대의 모터를 쓸 것이라고 확신했기 때문이다.

1936년 전구 사업에 뛰어든 예도 비슷하다. 당시 전구 업계는 외국기업과 제휴한 마쓰다램프가 시장을 70퍼센트가량 독점하고 있었다. 다른 메이커들은 브랜드에서 밀려 마쓰다램프보다 불리한 가격 조건으로 경쟁하고 있었다. 예를 들면 마쓰다램프의 전구 가격이 36엔인데 비해 하위 업체들은 10엔이나 20엔의 가격을 매기고 있었다. 브랜드에서의 열세를 가격으로 만회하는 식이었다.

그런데 마쓰시타는 진출하자마자 마쓰다램프와 같은 36엔의 가격으로 전구를 팔기 시작했다. 이에 대리점이나 도매상들은 마쓰시타가 무모한 도전을 벌인다고 일제히 들고 일어났다.

이때 판매점들을 설득하기 위해 마쓰시타가 내세운 것이 '두 명의 요코즈나론'이었다.

"현재의 전구 업계는 요코즈나(스모의 고수)가 한 회사뿐인 격입니다. 스모를 생각해 보십시오. 두 사람의 요코즈나가 있고 어느 쪽이 이길지 모른다면 인기도 오르지 않겠습니까? 전구 업계에 요코즈나가 둘 있다면 관전하는 여러분도 재미있지 않겠습니까? 우리 회사는 지금은 3류이지만 여러분들이 키워 주신다면 반드시 최고의 요코즈나가 돼 보겠습니다."

홋카이도에서 마쓰시타가 판매점 점주들을 모아 연설한 내용이다. 참석했던 점주들은 박수를 보냈다. 물론 이렇게 공언한 이상 마쓰시타전기는 최고의 전구를 만들지 않으면 안 됐다. 실제 마쓰시타전기는 연구개발에 매진한 끝에 내쇼날 전구는 최고의 제품으로 인정받았다.

전시하의 마쓰시타 경영

1937년 중일전쟁의 발발로 시작된 전시 체제는 전기 중심, 민수 중심이었던 마쓰시타그룹의 사업구조에 변화를 가져왔

제2차 세계대전 중 마쓰시타조선의 작업 광경.

다. 예를 들면 1938년 전기스토브 사업이 사라졌고 기존 제품은 점차 군수로 충당돼 갔다. 건전지, 배선기구, 무전기 등의 군납이 시작됐고 일부 병기의 부품을 생산했다.

1942년에는 목조 군함의 제작을 지시받아 1943년 마쓰시타조선 주식회사가 설립됐다. 당시 조선 사업을 이끌었던 사람은 처남 이우에 도시오였다. 조선 사업은 예상 외로 순조롭게 진행됐다.

다음에는 항공기의 기체를 제작하라는 지시가 하달됐다. 거절해도 소용없었다. 단기간에 조선 공정을 체득하고 배를 만든 것이 화근이었다. 마쓰시타의 조선소를 견학한 공군 수뇌부가 마쓰시타조선의 작업 현장을 둘러보고 내린 결정이었다.

곧이어 마쓰시타비행기 주식회사가 설립됐다. 그러나 항공기 사업은 생산 개시 후 얼마 지나지 않아 전쟁이 끝나는 바람에 생산량은 얼마 되지 않았다. 목조선의 경우 250톤급 약 50척, 비행기는 3대에 불과했다. 그러나 군수제품의 생산에 참여한 관계로 마쓰시타는 제2차 세계대전 종전 직후 시련을 맞이했다.

세계로 도약하다

재벌 지정과 공직 추방

일본에 진주한 GHQ(연합군총사령부, general headquarter)의 각종 조치 가운데 마쓰시타 개인과 회사에 무거운 족쇄를 채운 것은 1946년 6월의 재벌가족 지정과 같은 해 11월의 공직 추방 조치였다. 사실 마쓰시타의 경우 미쓰이, 미쓰비시, 스미토모와 같은 재벌과는 견줄 바가 못 됐다. 그러나 당시 GHQ가 재벌로 지정한 기준 가운데 하나는 군수산업 참여 정도였다.

마쓰시타의 경우에는 선박·비행기 제작에 참여한 것이 화근이었다. 재벌 지정이 납득하기 어려웠던 마쓰시타는 사장 자리에서 버텼지만 그것도 잠시일 뿐, 마쓰시타가 물러날 수밖에 없었던 것은 1946년 11월의 공직 추방령 때문이다. 군수 산업에 참여했던 마쓰시타는 '무조건 추방' 대상인 A항에 지정됐다.

재벌 지정에 대해서는 마쓰시타도 할 말이 있었지만 공직 추방 조치의 경우에는 군수회사 전체에 적용되는 것으로 항변의 여지가 없었다. 재벌 지정에 대해 수십 차례나 GHQ를 드나들며 항의하던 마쓰시타도 체념 상태에 들어갔다.

실의의 나날

재벌 지정 이후 사생활에까지 엄격한 제한이 가해져 한 달 생활비는 당시 공무원의 급여 수준인 1,800엔이었다. 한 회사의 사장이 생활해 나갈 수 있는 액수가 아니었다. 게다가 집에다 생활비를 갖다 주는 것까지 일일이 GHQ의 허가를 받아야할 만큼 간섭이 심했다. 가진 물건을 팔아서 생활을 연명하는 것이 당시는 일반적이었지만 전 재산을 동결당한 그에게는 그런 여유도 없었다. 친지에게 돈을 꾸어서 이럭저럭 생활을 꾸려 나갔다.

정작 마쓰시타가 걱정스럽게 여긴 것은 물질적인 궁핍이 아니라 정치가의 빈곤, 지도적인 계층까지도 암거래를 하면서 부끄러워할 줄 모르는 인심의 피폐였다. 이것이 과연 민주주의를 표방해서 다시 태어나려는 나라의 모습일까, 과연 이런 일본에 내일은 있을 것인가, 그렇게 생각하고는 암담한 기분에 잠겼다.

그는 그러한 풍조 속에서 몸가짐을 조심스럽게 하고 있었다. 그 생활이 얼마나 금욕적이었던가를 말해 주는 일화가 있다. 그의 집에는 미국제 냉장고가 있었는데 어떤 사람이 그것을 열어 보니 안에 들어 있는 것은 고구마 줄기를 담은 대접 한 개뿐이었다고 한다.

또 재벌로 지정될 정도의 신분을 가진 사람 중에서 별장을 가지지 않았던 사람은 마쓰시타뿐이었다. GHQ에 제출된 재산 목록에 별장이 빠져 있자 이를 이상하게 여긴 담당관이 뒷조사를 하기 시작했다. 마쓰시타도 분명히 별장을 은닉하고 있었던 것으로 생각했던 것이다. 그러나 조사를 해 본 결과 별장을 보유하지 않은 것으로 확인되자 마쓰시타의 검소한 생활에 머리를 숙였다고 한다.

노동조합의 마쓰시타 사장 구출하기

마쓰시타가 실의에 빠져 있던 이때, 의외의 국면이 전개되기 시작했다. 마쓰시타전기의 노동조합이 사주 구명 운동에 발 벗고 나선 것이었다. 당시 대부분의 노동조합들이 경영자 추방을 외쳐 대는 것과는 정반대의 현상이었다.[6]

마쓰시타와 노동조합 간의 협력관계는 1921년으로 거슬러 올라간다. 당시 자유 민권 운동이 고양되던 시기였지만 노동조합에 대한 기업들의 인식은 미약할 때였다. 이때 마쓰시타가 결성한 것이 '보일화'라는 조직이었다.

당시 종업원 28명으로 구성된 '보일화'는 수시로 만나 친목을 다지는 모임이었다. 사주와 종업원 간의 허물없는 의사소통의 장이었다고 할 수 있다. 마쓰시타는 이 조직을 통해 단합된 풍토, 가족적인 분위기의 기업문화를 만들고자 했다. 이러한 가운데 대공황 당시 마쓰시타가 취했던 '종업원 해고 불가 선언'은 노사 간의 협조노선에 결정적인 기여를 했다.

마쓰시타를 구하기 위한 노동조합의 활동이 시작됐다. 먼저 GHQ에 탄원서를 내기로 하고 서명 운동에 들어갔는데 조합원의 93퍼센트가 서명했다. 노동조합의 간부는 두꺼운 서명부를 들고 두 차례에 걸쳐 도쿄의 GHQ 본부를 찾았다. 특히 1946년 12월에 이루어진 제2차 탄원 운동에는 13인의 노조 간부 전원이 공직 적부 심사위원장이던 미노베 다쓰키치를 비롯, GHQ 고위관료, 정부 고위관료를 일일이 찾아다니며 구명 운동을 벌였다. 노동조합이 사주를 구명하는 데 앞장서는 일은 없었던지라 매스컴은 노동조합의 사주 구명 운동을 크게 보도하기 시작했다. 여론의 힘 덕분이었는지 1947년 5월 마쓰시타는 마침내 공직 추방 대상에서 해제됐다.

웃기 시작한 마쓰시타

그러나 공직 추방에서 풀려난 뒤에도 마쓰시타의 고충은 계속됐다. 1949년 닷지 불황이 심화되는 가운데 회사 경영 상태는 좀처럼 호전될 기미를 보이지 않았다. 그러다가 회사가 극적인 반전의 계기를 맞는데, 그것은 바로 1950년 발발한 한국전쟁 때문이었다.

극심한 판매 부진에 허덕이던 마쓰시타전기로서는 마치 가뭄 끝에 단비가 내린 격이었다. '한국전쟁 특수'란 한국전쟁에 미국이 개입하면서 미국으로부터 각종 물자에 대한 수요가 갑자기 증가한 현상을 말한다. 전쟁특수로 사경을 헤매던 일본 경제 전체에 활기가 넘치기 시작했다. 도산 위기에 처했던 도요타자동차가 회생한 것처럼 마쓰시타전기도 경영 위기에서 탈출할 수 있었다.

아래 사진은 위기에 빠졌던 회사가 한국전쟁 특수로 기사회생한 후인 1951년 최대의 해외시장으로 부상한 미국 시장을 돌아보기 위해 비행기 트랩에 오르는 마쓰시타의 모습이다. 그때까지 찍은 사진 중에 마쓰시타가 웃음을 띤 사진은 하나도 없지만 이 사진만큼은 마쓰시타가 웃는 모습이다. 회사

1951년 생애 첫 해외출장을 떠나는 마쓰시타.

43

가 기사회생한 것도 기뻤지만 미국이라는 거대시장을 개척하러 간다는 부푼 꿈에 미소 지을 만도 했을 것이다.

이때부터 1961년 사장 자리를 내놓을 때까지 마쓰시타의 마지막 사명은 전자 사업과 국제화였다. 그 첫 번째 과제는 전자 사업에 진출하기 위한 네덜란드 필립스(Phillips)와의 기술제휴였다. 미국 방문을 통해 전자 부문의 첨단기술을 확인하고 기술 도입의 필요성을 느낀 마쓰시타는 1952년 필립스와 기술제휴 교섭에 들어갔다.

사운을 건 필립스와의 제휴 교섭

필립스와 기술제휴 계약을 체결하기까지는 우여곡절이 있었다. 필립스는 기술제휴의 구체적인 형태로서 쌍방의 공동 출자에 의한 자본금 6억 6,000만 엔의 새로운 합작회사 설립을 요구해 왔다. 필립스는 30퍼센트만을 출자하고 7퍼센트의 기술지도료를 받는 조건이었다. 당시 마쓰시타전기의 자본금이 5억 엔이었으므로 그것을 상회하는 자회사가 생기는 셈이었다.

마쓰시타는 무리한 요구에 난색을 표하는 한편 역공에 나섰다. 우리가 경영을 할 테니 그 대가로 경영지도료를 달라는 것이었다. 필립스가 이를 받아들일 리 없었고 교섭은 교착상태에 빠졌다. 이때 마쓰시타가 해결사로 내세운 사람이 다카하시 아라타로였다.

다카하시는 1936년 마쓰시타전기에 입사한 이래 경리 부문의 체제를 구축하는 데 공헌했으며, 제2차 세계대전 후에는 국내외 사업 기반을 다지는 데 수완을 발휘했던 인물이다. '마쓰시타 경영방식의 전도사', '마쓰시타의 오른팔'이라 불릴 정도로 마쓰시타의 각별한 신임을 받았다.

마쓰시타의 특명을 받고 네덜란드로 담판을 지으러 간 다카하시는 교섭에서 한 치의 양보가 없었다. 마쓰시타가 다카하시를 해결사로 뽑았던 이유는 그의 진중하고도 끈질긴 뚝심 때문이었다. 네덜란드에 간 다카하시는 고립무원 속에서 끈질기게 교섭에 임했다. 마쓰시타전기의 경영 능력을 설명하고 그러한 경영 능력이 반드시 필립스에 도움을 줄 것이라는 일관된 주장을 폈다.

필립스가 최후에 어떤 이유로 양보를 했는지 명확하지 않지만 제휴 조건은 마쓰시타의 승리를 의미하는 것이었다. 필립스는 연간 기술지도료를 당초 요구했던 7퍼센트에서 4.5퍼센트로 낮췄고, 마쓰시타전기에 3퍼센트의 경영지도료를 주기로 한 것이다. 마쓰시타 입장에서 보면, 기술지도료 4.5퍼센트에서 경영지도료 3퍼센트를 제한 1.5퍼센트만 부담하면 되는 조건이었다.

필립스와의 제휴 결과 1952년 합작회사인 '마쓰시타전자공업'이 탄생했고 오사카 인근 다카쓰키시(市)에 공장이 건립됐다. 공장은 1954년에 조업을 개시하여 브라운관, 진공관 등의 제품을 생산했다. 1967년 필립스와의 계약을 갱신할 때에는 기술지도료와 경영지도료가 2.5퍼센트로 동일하게 정해짐으로써 필립스에 대한 로열티 부담은 사실상 사라졌다.

필립스와의 기술제휴는 지금까지 '전기'를 중심으로 성장해 온 마쓰시타그룹에 새로이 '전자'라는 싹을 심은 것으로 이후 전자 사업은 그룹 전체의 성장에 중추적인 역할을 했다.

세계의 '마쓰시타전기'로 우뚝 서다

필립스와의 합작을 통해 전자산업의 기술 기반을 확립한 마쓰시타는 1950년대 세계적인 기업으로서의 기틀을 닦기 시작했다. 1952년에는 대망의 텔레비전을 세상에 내놓았고 이어 믹서·전자레인지·자전거, 1953년에는 전기냉장고·무선마이크를 출시했다. 1954년에는 브라운, 1955년에는 가정용 펌프·공업용 수상기, 1956년에는 전기밥솥·전기청소기·주서기·전기담요 등 신제품의 출시가 잇따랐다. 1960년에는 TV 생산 누계가 100만 대를 돌파하여 업계 1위로 올라섰다.

대외적으로는 1955년 대미 수출용 스피커에 파나소닉 브랜드를 사용함으로써 파나소닉 시대가 열렸다. 1953년 미국법인 설립을 필두로 세계 각국에 마쓰시타전기의 현지법인이 설립되기 시작했다.

국내 중심의 사업 전개를 상징하는 '내쇼날 시대'에서 바야흐로 '파나소닉의 시대'로 접어든 것이었다. 마쓰시타전기의 제품이 세계로 전파되기 시작했고, 일본경제의 고도성장과 수

출입국을 선도하는 마쓰시타를 칭송하는 소리가 높아졌다. '경영의 신', '판매의 신'이라는 조어에 함축된, 마쓰시타 고노 스케의 신화가 쓰이기 시작했던 것이다.

조직의 디자이너

수도철학

94세에 생을 마친 마쓰시타는 숱한 일화를 남겼다. 그 가운데 상당수는 그의 경영철학과 관련된 것이지만, 사실 마쓰시타 경영의 본질을 알기 위해서는 그의 철학이나 이념보다 탁월한 경영수완에 주목할 필요가 있다. 조직·판매 등 경영관리, 경영권의 승계와 인재 발탁 등에 이르기까지 기업가로서 그가 내린 결단과 이면에 숨겨진 고뇌를 이해하는 것은 경영철학 못지않게 중요한 의미를 지닌다.

그의 경영철학은 흔히 '수도철학'이라 불리는 단어에 함축돼 있다. 수도철학의 연원은 1920년대로 거슬러 올라간다. 마쓰시타전기에는 창립기념일이 두 번 있는데 하나는 마쓰시타가 처음으로 회사를 창업한 1918년 3월 7일을 기념하는 날이고, 다른 하나는 1932년 5월 5일을 기념하는 날이다. 5월 5일은 마쓰시타전기 사내에서 '창업명지의 해'로 불리는데 제1회 창업기념식이 열렸던 날이다.

실제 창업일보다 7년이나 지나서 그것도 다른 날짜에 창업기념식을 갖고 마쓰시타가 이날이 창업기념일이라고 선언한 이유는 마쓰시타의 수도철학과 관련이 있다.

1932년 봄 마쓰시타는 거래선의 초청으로 나라의 덴리에 있는 덴리교 본부를 방문한 적이 있다. 거기서 마쓰시타가 본 것은 사원 건설 현장에서 돈도 받지 않고 열심히 일하는 신도들의 모습이었다.

'나는 돈까지 주고 있는데 왜 우리 종업원들은 이들만큼 열심히 일하지 않을까?'

종교가 사람들의 고뇌를 덜어 주고 행복하게 하는 것이 사명이라면 기업의 사명은 무엇인가를 곰곰이 생각하던 끝에 '수도철학'을 생각해 냈고 이를 전파하기 위해 5월 5일 창업기념식을 개최하기로 결심했다.

"수돗물이 무궁무진하고 값싼 것처럼 우리 회사의 제품도 싸게 많이 보급하여 사람들에게 행복을 줘야 한다."

이날 오사카중앙전기클럽에서 열린 창업기념식에서 37세였던 마쓰시타는 168명의 종업원 앞에서 이 같은 요지의 열변을 토해 냈다.

마쓰시타의 수도철학은 이상적인 것이어서 마쓰시타 자신도 그것을 실현하기까지는 200년이 걸릴지 300년이 걸릴지 모른다고 한 적이 있다. 그러나 마쓰시타의 이러한 경영철학은 고도성장기 대량생산·대량소비 시대에 걸맞은 표상이 됐고 그가 경영자로 활동하는 동안 그의 경영방식에 큰 영향을 미쳤다.

조직의 디자이너

창업 초기부터 마쓰시타는 기업의 사회적 공기로서의 중요성과 이상적인 기업상을 설파했지만 기실 마쓰시타는 지극히 현실주의자였다. 대표적인 예로서 그의 조직관리 능력을 먼저 들 수 있다.

1935년 마쓰시타가 일본 기업 최초로 사업부제를 시행한 것은 그의 '분권화'에 대한 나름대로의 확신이 작용했기 때문이다. 즉, 사업부제는 아이디어는 누구에게서도 힌트를 얻지 않고 독자적으로 고안했던 것이다. 병약한 체질 때문에 여러 사업을 혼자 감당할 수 없어 사업부제를 창안했다는 설도 있지만 사업부제를 택했던 직접적인 계기는 신기술 및 신제품의 연속적인 등장과 밀접한 연관이 있다.

1935년 사업부제를 처음 시도했을 때에는 라디오 사업과 건전지 사업 진출 때문이었다. 라디오 방송이 일본에서 처음 시작된 것은 1925년이었다. 당시 라디오는 문화 전달의 새로운 매체로서 급속히 성장하고 있었고 라디오 생산 기업도 다수 생겨났다. 1930년대 초반 일본의 라디오 생산 대수는 20만 대를 넘어설 정도였다. 마쓰시타전기도 새로운 성장 분야인 라디오 사업에 뛰어들었으나 라디오는 그때까지 마쓰시타가 생산하던 제품과는 기술 특성이 전혀 달랐다. 또한 도약 단계의 제품이었기 때문에 무주공산의 시장에 다수의 제조업체가 난립하기도 했다.

건전지 사업도 유사했다. 이미 램프 시장에서 마쓰시타전기는 왕자의 자리를 굳건히 했으나 램프용 건전지는 타사로부터 구입하고 있었다. 1931년 마쓰시타는 건전지 공급 기업을 매수하여 직영하려 하지만 제품 생산에 대한 노하우가 없었기 때문에 결국 기존의 경영자에게 사업을 맡길 수밖에 없었다.

결국 신규 사업으로의 진출로 인해 그룹 내에 이질적인 사업 분야를 끌어안았고 효율적인 경영관리를 위해 새로운 조직 체계를 고안할 수밖에 없었다.

그러나 사업부제 시대는 짧았다. 1933년에 생겨난 사업부는 1935년 독립된 회사로 탈바꿈했기 때문이다. 사업부제에서 분사제로 전환한 이유는 세제 등의 이점 때문에 주식회사로 전환하기 위해서였다. 다만 마쓰시타전기의 사사에서는 '각 분사는 지금까지의 사업부제 때보다 한층 철저한 자주책임경영의 입장에서 생산판매활동을 행했다'라고 기록되고 있을 뿐이다.[7]

이유야 어찌됐든 사업부를 분사화한 결과 마쓰시타전기는

자체 사업을 가지지 않는 순수지주회사(pure holding company)의 성격으로 변했고 새로이 형성된 마쓰시타그룹은 당시 사람들에 의해 '마쓰시타산업단'으로 불리었다.

사업부·분사 용어의 창시자

마쓰시타그룹을 구성하는 자회사는 대부분이 마쓰시타 내부의 사업이 분사된 회사들이었다. 제2차 세계대전 후의 마쓰시타그룹을 보면 사업부제와 분사제의 조합에 의해 조직이 발전해 온 것을 알 수 있다.

일본의 기업조직에서 '사업부'나 '분사' 등의 용어가 쓰인 것은 제2차 세계대전 후 고도성장의 시기였다. 기업의 규모가 커짐에 따라 의사결정의 분권화를 도모하고 분권화를 위해 사업부나 분사 등의 조직 체계가 필요했다.

사업부제(multidivisional system, M-form)란 1920년 미국에서 탄생한 새로운 기업조직이었다. 그때까지의 기업조직은 각종의 기능을 개별 단위로 해서 관리하는 이른바 직능별 조직 (functional or unitary system, U-form)이 일반적이었다.8) 사업부제는 전통적인 직능별 조직과는 달리 각각의 사업부가 개발·제조·판매 등의 직능을 일괄적으로 갖고 자율적인 사업 단위로 구성된 것을 말한다. 각각의 사업부는 독립채산제의 분권적인 사업 단위인 것이다.

이처럼 사업부제는 1920년대 미국에서 만들어진 것이지만 마쓰시타는 미국의 사업부제와는 전혀 무관하게 스스로의 필요에 의해 창안했다. 복수 사업부제의 조직을 '사업부'라고 부른 것도 마쓰시타였다. 일본에서 사업부제가 널리 보급된 것이 1960년대 이후인 점을 고려하면 마쓰시타는 조직관리에 있어서 선구적인 인물이라고 할 수 있다.

한편 앞에서도 언급했지만 일본경제에서 기업이 산하에 다수의 '분사'를 가지는 그룹의 형태로 발전하는 것은 1930년대의 일이었다.[9] 따라서 분사라는 용어도 1930년대에 등장하는데 이 용어를 처음 사용한 사람도 마쓰시타라는 설이 유력하다. 마쓰시타는 1935년 4개의 사업부를 분사하면서 '마쓰시타전기 조직 및 기본 내규'를 만들었는데, 여기에 '분사' 또는 '우사'라는 용어가 처음 등장했다. 즉, 분사라는 용어를 마쓰시타가 처음 만들어 냈던 것이다.

조직 관리의 첨병, '경리사원'

마쓰시타전기에서는 각 사업부에서 신제품을 개발하면 반드시 마쓰시타에게 가져갔다. 마쓰시타는 신제품을 손으로 한번 만져 보기만 해도 그 제품이 시장에서 잘 팔릴지 그렇지 않을지를 판단하는 남다른 혜안을 가졌다고 한다. 마쓰시타가 '이건 팔리겠다'라고 하면 불가사의하게도 그 제품은 시장에서 인기상품이 됐다.

이외에도 여러 가지 일화가 전해지고 있지만 마쓰시타가

1933년 사업부제에 관해 설명하는 마쓰시타 고노스케.

판매에 관한 한 카리스마적이고 정확한 판단을 내린 데에는
경리사원의 존재가 중요한 역할을 했다. 마쓰시타 본사에서는
각 사업부나 자회사에 경리사원을 파견했는데 이들은 특별한
존재였다.

경리사원은 사업부나 자회사에서 채용하는 것이 아니라 본
사에서, 그것도 마쓰시타가 직접 선발했다. 그리고 각 사업부
장이나 자회사의 사장이 독립적인 권한을 지녔다고 해도 이들
을 함부로 자르거나 다른 부서로 옮길 수가 없었다. 또한 경리
사원은 결정권은 없지만 마쓰시타에게 직접 보고를 하고 의견
을 제시할 수 있었다. 예를 들면 사업부장이 대규모 투자가 결

린 사업계획을 들고 마쓰시타에게 올라가면 마쓰시타는 이미 경리사원으로부터 정보를 듣고 사업추진 여부에 대한 나름대로의 정보를 갖고 있었다.

마쓰시타는 정보 보고에서 올라온 경리사원의 판단과 사업부장의 설명을 종합하여 투자 여부에 대한 결정을 내린 것이었다. 지금은 이러한 경리사원이 사라졌지만 한창 많을 때에는 6,000명에 달했다고 한다. 마쓰시타가 상담역으로 물러나서도 회장·사장보다 더 많은 정보량을 가졌던 이유는 이들 경리사원으로부터 직접보고가 있었기 때문이다.

고도성장기에 일본의 많은 대기업들이 사업부제를 시행했는데 거의가 마쓰시타그룹과 유사하게 재무·인사는 그룹 본사에서 관리했다. 총괄적으로 권한을 위양하는 구미의 사업부제와 다른 점이다. 즉, 일본 기업의 사업부제는 제조·판매 등은 사업부에 맡기면서도 재무·전략적 의사결정 등 중요한 기능은 본사에서 관리하는 애매한 구조로 돼 있다. 또 제조와 판매라 하더라도 현장과 본사 간에는 유기적인 의사소통 창구가 있었다. 그룹 계열사의 사업부와 본사의 전략기획 부서 사이에는 쌍방형의 정보교환이 상시적으로 이루어지고 있는 것이다.

이러한 일본 기업의 특성을 담고 있는 일본 기업의 사업부제를 구미의 그것과 비교하여 '일본형 사업부제'라 부르기도 한다. 명칭이야 어떻든 현장과 본사와의 유기적 관계라는 조직 특성이 일본 기업의 조직 역량 강화에 도움을 줬던 것으로 평가된다.

판매망의 정보는 '보신부'를 통해

마쓰시타의 정보수집 능력은 판매 부문에서도 남달랐다. 고도성장기 '판매의 마쓰시타'를 지탱한 음지의 존재로서 '보신부'가 있었다. 마쓰시타가 자사의 신용과 브랜드를 유지하기 위해 판매점의 점주를 관리하는 부서였다. 예를 들면 어느 판매점의 점주는 판매 능력은 우수하지만 도박을 좋아한다든지 술을 지나치게 좋아한다든지 등의 정보가 파일 형태로 저장돼 있는 곳이 보신부였다.

후임자가 오면 이 파일만 봐도 판매점에 대해 일목요연하게 파악할 수 있도록 철저히 관리됐던 것이다. 당시 소니, 도시바, 히타치 등과 치열한 경쟁에서 살아남기 위한 전략이라 하더라도 보신부는 현재의 관점에서 보면 납득하기 어려운 조직으로 볼 수도 있다. 왜냐하면 판매점 점주의 입장에서는 자신들의 프라이버시가 침해되는 문제가 있었기 때문이다.

이처럼 마쓰시타의 카리스마적 경영의 이면에는 방대한 정보의 축적이라는 현실적인 기반이 있었다. 비인간적인 면도 있지만 경영의 관점에서 보면 정확한 판단을 내리기 위한 어쩔 수 없는 선택이었을 수 있다.

마쓰시타의 천재적인 경영 능력은 책에서 배운 것이 아니라 생산·판매 현장에서 발로 뛰면서 체득했던 것이다. 특히 정보의 중요성에 대한 마쓰시타의 인식은 남다른 것이었다고 할 수 있다. 마쓰시타의 인간관, 사상가로서의 마쓰시타를 지나치게 강조하다 보면 마쓰시타의 치밀한 경영 능력을 간과하기 쉽다. 회사 경영은 이상이나 철학만으로 되는 것이 아니기 때문이다.

판매^의 신

판매의 마쓰시타

마쓰시타의 사업이 순조롭게 성장할 수 있었던 배경에는 전후 그에 의해 만들어진 판매망을 꼽을 수 있다. 즉, 제품을 판매하기 위한 적극적인 판매망 개척 노력, 그리고 전국적인 판매망의 구축은 큰 의미를 지녔다. 그가 만들어 낸 판매망은 고도성장기 대중소비시대의 유통채널로서 마쓰시타그룹의 고속성장에 크게 공헌했다. 세간에서 '판매의 마쓰시타'라고 일컬어지듯이 가전제품의 대량생산은 대량판매에 의해 지탱될 수 있는 것이었다.

마쓰시타전기 판매망의 특징은 본사 내의 영업 부서, 전국적인 대리점 및 계열 소매점 등으로 이어지는 계층적인 구조에 잘 나타났다.

이 가운데 소매점의 계열화는 1935년의 '연맹점 제도'에서 시작됐다. 당시 가전제품을 둘러싼 시장에서는 격렬한 가격인하 경쟁과 고객쟁탈전이 벌어지고 있었다. 마쓰시타가 창안한 '연맹점 제도'는 제조업체·대리점·소매점 3자 간의 '공존공영'을 추구하는 데 목적이 있었다. 즉, 대리점별로 주요 소매점을 '연맹점'으로 등록시킨 다음, 등록된 소매점은 하나의 대리점으로부터 제품을 구입하도록 해 대리점 단위로 소매점의 계열화가 이루어졌다.

연맹점 제도하에서 대리점은 안정적인 거래선을 확보하는 한편 소매점은 제품의 안정적인 공급을 바탕으로 고객 서비스나 판매촉진에 적극 나설 수 있었다. 마쓰시타는 대리점의 보고 등에 근거하여 우수한 연맹점에 대해서는 연 2회 '감사배당금'을 지급했다. 연맹점의 수는 전국적으로 계속 늘어나 1941년에는 1만 점포를 넘어섰다.

제2차 세계대전 후 판매 계열망의 재건

제2차 세계대전 후 마쓰시타가 판매 계열망의 재건에 나선 것은 1946년의 일이었다.

"마쓰시타가 전쟁 직후 바로 판매조직을 강화하기 시작한 것은 놀랄 만한 일이었다. 왜냐하면 많은 기업들이 생산 태세를 정비하는 데 정신없었던 시기였기 때문이다."10)

마쓰시타는 전쟁 이전의 판매망을 기틀로 전후에는 보다 치밀한 판매조직을 구축하기 시작했다.

1950년대에는 냉장고·흑백 TV·세탁기 등 소위 가전분야의 '3종의 신기'라 불리는 제품에 대한 수요가 폭발적으로 증가했다. 바야흐로 '가전 붐'의 시대가 시작된 것이다. 1951년 민간 라디오 방송이 출범하였고, 1953년에는 TV 방송이 시작됨으로써 일본에서는 1953년을 '전화원년(電化元年)'으로 일컬을 정도였다.

이러한 붐은 가전 제조업체 간의 치열한 판매경쟁을 유발했다. 특히 히타치제작소, 미쓰비시전기, 도시바 등의 중견 제조업체가 가전 분야에 진입함으로써 경쟁은 한층 치열해졌고 강력한 판매 체제의 구축이 기업 간 우열을 판가름하는 중요한 요소가 됐다.

마쓰시타는 대리점을 선택할 때 '판매력이 왕성하고 우리 회사에 대한 협력도가 높은 대리점만을 엄선'했다.11) 구체적으로 1949년에는 대리점을 회원으로 하는 '내쇼날공영회'를 결성했다. 출범 당시 회원 대리점 수는 240개였으나 1955년에는 580개까지 급격히 증가했다.

판매조직 강화에 대한 의지는 다음과 같은 어록에 잘 표현되고 있다.

"앞으로의 발전을 위해서는 대리점과 마쓰시타전기가 일심동체가 되어야 한다."12)

"메이커는 대리점의 공장이며 대리점은 메이커의 지점·출장소이다."13)

또한 대리점 제도는 이후 '판매회사' 제도로 전환돼 한층 더 발전했다.

한편 소매점 제도는 1949년에 부활했다. 각종 이익환원 제도나 우량점포의 표창 등 각종 인센티브 제도가 도입됐고 연맹점의 수는 제2차 세계대전 직후 6,000개에서 1950년대 후반에는 약 4만 개까지 급증했다. 연맹점 제도의 부활을 전후해 소매점을 중심으로 하는 '내쇼날회'가 결성돼, 판매촉진연구회, 기술강습회, 공장견학 등이 수시로 개최됐고 제조업체·대리점·소매점 3자 간의 교류도 한층 긴밀해졌다.

더욱이 보다 확고한 판매망을 구축하기 위해 마쓰시타는 1957년 '판매회사' 제도를 출범시켰다. 이것은 원칙적으로 '1지역 1사'의 담당구역제를 지향하는 것이었다. 소매점이나 대리점이 외부의 자본이 투입된 데 반해 판매회사는 마쓰시타가 자본을 직접 투입하여 이를 통해 유통계열 전체를 장악하려는 의도가 내포돼 있었다.

아타미 회담에서 흘린 눈물

이 같은 마쓰시타의 판매망 형성에 대한 정열적인 노력과 관련하여 흔히 소개되는 것이 이른바 '아타미 회담과 관련된 일화이다.

도쿄올림픽이 열린 1964년은 일본경제가 고도성장의 막바지에 이르렀던 시점이었다. 1950년대 후반부터 일본경제의 고도성장을 이끌었던 가전 보급의 열기가 한풀 꺾이면서 마쓰시타전기 제품의 판매도 심각한 영향을 받기 시작했다. 판매회사나 대리점의 대부분이 적자에 빠짐으로써 마쓰시타가 구축한 판매 체제는 심각한 위기로 내몰렸다. 마쓰시타 본사에 대한 판매점들의 원성이 높아졌다. 이를 전해 들은 마쓰시타(당시 69세)는 전국의 판매점주·대리점주를 유명한 온천관광지 아타미에 모이도록 했다.

회의는 3일간 계속됐는데 분위기는 한마디로 '마쓰시타 규탄 대회'였다. "마쓰시타의 제품에 특색이 사라졌다. 제품 판매를 강요당하고 있다. 마쓰시타의 사원이 관료적으로 변했다"[14] 등등의 불만이 쏟아져 나왔다.

마쓰시타도 이에 지지 않고 응수하는 바람에 양쪽의 팽팽한 설전은 2일째까지도 계속됐다. 그러나 판매 현장의 반발은 마쓰시타의 상상을 넘었고 3일째 되던 날 마침내 마쓰시타가 회사의 과오를 인정하고 고개를 숙였다.

"이제 알겠습니다. 마쓰시타전기가 문제입니다. 이 한마디로 충분하리라 생각합니다."

말을 마치고 고개를 든 마쓰시타의 눈에는 눈물이 고여 있었다. 좌중은 마치 찬물을 끼얹은 듯 숙연해졌다. 그리고 모두가 판매 확대를 위해 동참하기로 결의하는 것으로 아타미 회담은 막을 내렸다.

아타미 회담 후 일선에서 물러나 있던 마쓰시타는 스스로 영업본부장을 겸직하면서 현장에 복귀, 영업 현장을 우대하는 새로운 판매 제도를 수립 실행하였다. 그 결과 회사의 영업 실적도 회복되었고 판매의 마쓰시타라는 명성도 다시 얻었다.

네 가지 브랜드

여기서 잠시 판매와 관련하여 마쓰시타의 제품 브랜드를 살펴보면 고도성장기 마쓰시타전기는 네 가지 브랜드를 사용하고 있었다. 내쇼날·파나소닉·테크닉스·퀘이사가 그것이다.

이 가운데 내쇼날은 1925년 마쓰시타가 직접 창안한 브랜드다. 어느 날 신문을 읽고 있던 마쓰시타는 '인터내쇼날'이라는 단어를 발견했다. 단어가 마음에 들어 사전을 찾아본 결과 '국제적'이라는 좋은 의미를 갖고 있음을 알았지만 단어가 다소 길다고 느껴져 앞부분의 접두사를 떼 냈다. 이렇게 해서 탄생된 '내쇼날' 역시 '국민의', '나라의'라는 의미를 가지므로 일본 기업의 브랜드로는 더할 나위 없이 좋다고 생각됐다.

1925년 고유상표로 결정된 '내쇼날'은 2년 뒤 개발된 각형 램프에 처음으로 사용된 이후 오늘날까지 마쓰시타를 상징하는 단어 및 상표로서 수많은 상품에 부착됐다. 일본 내에서는 가전제품, 가정용 전기 시스템, 조명기기, 공조·설비기기 등에 사용됐으며 해외에서는 아시아, 중동, 아프리카 등지에 판매되는 가전·공조기기 등에 사용됐다.

신판매 제도가 성공한 후 1966년 개최된 판매점 대회에서
감사의 꽃다발을 받는 마쓰시타 고노스케.

　1955년 대미 수출용 스피커에 최초로 부착됐던 파나소닉
브랜드는 1986년부터 일본 내에서도 사용돼 왔다. 다만 일본
에서는 영상·음향기기, 정보통신기기, 자동차 내장용기기, FA
용접기기, 반도체, 전자부품 등으로 적용 범위가 국한됐다.
2003년부터는 글로벌 브랜드를 파나소닉으로 통일했다.

　테크닉스는 국내용 고급 스피커에 처음 사용된 브랜드로서
당초에는 마쓰시타가 고급 하이파이 제품에 일괄적으로 사용
하기 위해 만들었다. 퀘이사는 1974년 마쓰시타가 미국의 모
토로라로부터 가전기기 사업 부문을 인수하면서 부대조건으
로 모토로라의 컬러 TV 상표를 이어받은 것이다.

정가판매에 대한 확고한 신념

　한편 마쓰시타는 '정가판매'에 대한 강한 신념이 있었다.

1935년 7월 마쓰시타는 연맹점 제도를 도입하면서 이전부터 생각하고 있던 '정가판매 운동'을 전개하기 시작했다. 정가판매는 마쓰시타전기만이 아니라 전기 업계를 위해서도 꼭 해야 하는 일이라고 생각하고 있었다. 마쓰시타가 생각하는 '정가'란 사회가 적정한 선으로 공인한 가격이며 일반적으로 말하는 '정가(定價)'와는 다르다. 물론 정가가 적정 가격인 경우도 있다. 그러나 그것이 항상 적정하다고는 단정할 수 없다. 영리적 관점이 많이 작용하거나, 그 반대로 필요 이상의 과소평가는 회사를 오히려 궁지로 몰 수 있다는 것이 마쓰시타의 지론이었다.

마쓰시타의 정가판매 운동은 연맹점으로부터 환영을 받아 판매점과의 협력을 공고히 하는 데 중요한 역할을 했다. 판매의 중요성을 일찍이 역설해 온 마쓰시타는 판매망과의 공동체 의식이 무엇보다 중요한 요소라고 생각했다. 그는 항상 '마쓰시타점회와의 공존공영'을 입버릇처럼 강조했는데 마쓰시타가 중요한 경영위기 때마다 판매망의 정비를 시도한 것은 이 같은 마쓰시타의 인식이 결정적이었다.

마쓰시타전기가 대량생산·대량판매 시대를 거치면서 초일류기업으로 성장할 수 있었던 원동력은 바로 기업 초창기부터 정비해 온 거대한 판매망이었다고 할 수 있다.

1951년 6월 사업 구조조정에서 시판부를 신설했고 이 부서의 초대 책임자를 마쓰시타 사장이 직접 겸임했다. 또 지방출장소와 판매회사를 증설하는 한편 판매망을 부 단위로까지 세

분화시켜 '내쇼날' 제품이 전국적으로 보급될 수 있는 기반을 갖췄다. 당시 일본에서는 전국 어느 곳을 가더라도 '내쇼날' 마크를 발견할 정도였다.

또한 마쓰시타는 가전 업계에서 선구적으로 할부판매 방식을 도입했던 것으로도 유명하다. 당시 선풍적인 인기를 끌던 라디오의 판매촉진을 위해 1951년 전국의 대리점과 공동출자로 '내쇼날라디오월부판매회사'를 설립한 바 있었다. 이 회사는 1952년에는 28개사로 확대됐으며 라디오 외의 내쇼날 제품도 취급했다.

시장과의 전쟁

기로에 선 정가판매 정책

마쓰시타의 정가판매 정책은 전후 고도성장기에도 마쓰시타 판매 정책의 근간이었다. 그런데 1970년 마쓰시타의 정가판매를 뿌리째 뒤흔든 사건이 발생했다. 그해 9월 소비자단체들이 일제히 '컬러 TV 1년간 불매 운동'을 시작했던 것이다.

사태의 발단은 당시 '전기제품의 꽃'으로 일컬어지던 컬러 TV의 가격이 지나치게 높게 책정돼 있다는 소비자들의 불만에서 비롯됐다. 10월에는 구체적으로 마쓰시타전기를 지목해 마쓰시타전기의 모든 제품에 대한 불매 운동으로까지 번졌다. 12월에는 공정거래위원회가 12개사에 대해 가격인하 조치를

명할 것을 통산성에 요청했다. 마쓰시타전기는 그야말로 사면 초가 상태에 빠졌다.

소비자 운동이 일어난 계기는 동일 제품에 대한 미국 시장 과 일본 시장에서의 가격 차이 때문이었다. 2년 전부터 일본 의 전기제품 제조업체들이 부당하게 덤핑 판매를 하고 있다는 미국 기업들의 제소를 받아들여 미국정부가 일본 기업들에 덤 핑 판정을 위한 자료를 제출하도록 요구했던 것이다.

1970년은 미일 간에 섬유 분야에서 통상마찰이 시작되는 시점이어서 분위기는 험악했다. 이 문제는 점차 일본 기업들 이 미국에서는 TV를 싸게 팔고 일본에서는 고가에 팔아 이윤 을 남기고 있다는 논리로 번져 갔다. 게다가 소비자단체는 국 내시장에서 제조업체의 정가와 실제 판매가격을 조사한 결과 를 공표하면서 양자 간에는 상당한 차이가 있다고 주장했다.

실제 판매가격과 정가와의 괴리를 당시에는 이중가격 문제 라 불렀는데, 소비자단체는 이중가격 문제가 제조업체의 고가 유지 정책에서 비롯됐다고 비난하고 나섰던 것이다. 이러한 소용돌이 속에서 1970년 하반기 마쓰시타의 실적도 급전직하 해 이익이 14퍼센트나 감소했다.

다이에이와의 '33년 전쟁'

문제는 여기서 끝나지 않았다. 당시 유통혁명의 기수로 일 컬어지던 다이에이의 나카우치 이사오 사장이 공정거래위원회의 심의장에서 마쓰시타에 직격탄을 날리는 발언을 했다. "마쓰시타는 계열점에 대해 할인판매를 불허하고 고가판매를 강요하고 있다"는 것이었다.

나카우치가 이끄는 다이에이는 1950년대 말 미국의 슈퍼마켓을 도입해 일약 유통혁명의 기수로 부상한 기업이었다. 다이에이의 성장세는 경이적이었고 1972년에는 마침내 유통 업계 전통의 명가인 미쓰코시를 누르고 유통업 1위로 도약했다.

다이에이와 마쓰시타전기의 알력은 이미 1960년대 중반부터 시작됐다. 1964년 도쿄올림픽 이후 올림픽 특수가 소멸되면서 TV 재고가 늘어난 틈을 타 다이에이는 마쓰시타전기의 TV를 20퍼센트 가량 할인판매하기 시작했고 여기에 마쓰시타전기가 강력히 항의하면서 양 회사의 힘겨루기가 시작됐던 것이다. 결국 마쓰시타전기는 다이에이에 대한 자사 제품의 공급을 중단하기에 이르렀고 다이에이도 이에 질세라 전국의 비정규 유통경로를 통해 마쓰시타전기의 제품을 사들여 할인판매를 계속했다.

그러자 마쓰시타전기는 직원들을 동원하여 다이에이 진열품을 모두 사들이는 방식으로 대응하는 등 양 회사의 싸움은 이전투구의 양상으로 번져 갔다. 다이에이는 마쓰시타의 제품을 더 이상 구할 방도가 없자 크라운이라는 중견 TV 제조업체로부터 TV를 사들여 '부부'라는 이름으로 다른 TV의 절반 가격에 판매하기도 했다.

마쓰시타전기로부터 브라운관을 조달받아 생산하고 있던

크라운 입장에서는 자사 제품이 자기들도 모르게 다이에이에서 팔리고 있다는 사실을 알았지만 때는 늦었다. 마쓰시타전기로부터 브라운관 공급 중단이라는 보복이 들어왔고 결국은 경영위기에 빠졌다. 고래 싸움에 새우등 터진 격이었다. 다이에이가 크라운을 사들여 자회사로 만들었지만 크라운은 결국 도산했고, 그 영향은 다이에이그룹 전체에 타격을 가했다.

그 과정에서 마쓰시타의 분노와 울분은 대단했다고 전해진다. 당시 마쓰시타전기 노조위원장이었던 다카바타 게이치는 시장의 분위기가 불리하게 돌아가고 있음을 알고 마쓰시타에게 양보를 종용하는 직언을 했다고 한다. 이때 마쓰시타는 "화가 나서 3일째 잠을 제대로 못자고 있다"고 했다.15)

다카바타의 설득이 주효했는지는 모르지만 마쓰시타는 1971년 1월 마침내 소비자단체의 요구에 응하는 형태로 이중가격 문제를 해소하는 방향으로 노력할 것을 약속했다. 발표 직후 1월부터 발매되기 시작한 신제품에 대해서는 14퍼센트 인하된 가격에 판매를 시작했다. 그러나 다이에이와의 싸움은 계속돼 양 회사 간의 앙금은 1990년대까지 30년간이나 지속됐다.

마쓰시타는 이후에도 기회가 있을 때마다 저자세로 소비자단체나 국민들에게 머리를 숙이곤 했지만 여러 가지 생각을 했던 것 같다. 예를 들면 1971년 1월의 경영방침 발표 때 다음과 같은 문장이 눈에 띈다.

"정치의 취약성이 이런 문제를 일으키고 있다."

"국민들이 공동으로 번영할 수 있는 정치이념이라는 것이

국가, 정치 세계에 없다는 점이 오늘날의 사태를 일으켰다.”

소비자단체의 운동에 대한 회의, 기업가와 정치의 밀착 등에 대한 회의와 분노의 앙금은 계속 남아 있음을 암시하는 대목이다. 어떻게 보면 정치에 대한 환멸이 훗날 '마쓰시타정경숙'이라는 정치가 양성기관의 형태로 발전됐는지 모른다.

소니와의 비디오 규격전쟁에서 승리

판매와 마케팅에 대한 마쓰시타의 선견지명이 기술 선택에서 진가를 발휘한 사례로 1970년 후반 발생했던 비디오 규격전쟁을 들 수 있다. 1970년대 후반 소니와 일본빅터(Japan Victor, JVC) 사이에 벌어진 가정용비디오 기술방식을 둘러싼 규격전쟁이 그것이다.

결국 마쓰시타전기는 일본빅터의 손을 들어 줬는데 마쓰시타전기가 일본빅터의 손을 들어 준 이유는 마쓰시타의 결단에 의한 것이었다. 당시 소니의 베타 방식은 화질도 좋고 카세트가 작다는 장점이 있었기 때문에 마쓰시타의 관계자들도 소니가 이길 것으로 보았다.

그러나 소니의 베타 방식과 빅터의 VHS를 본 마쓰시타는 '소니 것은 100점, 빅터 것은 200점'이라고 평했다. 이유는 두 가지였다. 하나는 소니의 베타맥스는 녹화시간이 1시간이지만, 일본빅터의 VHS는 2시간이라는 것이고, 또 하나는 소니 제품은 20킬로그램으로 일본빅터의 13킬로그램에 비해 7킬로

1978년 미국의 RCA사에 VHS 방식의 비디오를 장기 공급하는 계약을
체결하는 마쓰시타 고노스케.

그램이나 무겁다는 것이 이유였다. "고객이 제품을 바로 집으로 가져갈 수 있는 것과 그렇지 않은 경우와는 매출에 10배 차이가 난다"는 것이 마쓰시타의 생각이었다.

소니 이외의 다수의 일본 기업들이 마쓰시타전기와 일본빅터 진영의 VHS 규격에 몰려들었고 결국 VHS 방식이 세계규격이 됨으로써 마쓰시타전기는 소니와의 전쟁에서는 승리자가 됐다.

소니와의 비교 – '마네시타'라는 오명

마쓰시타전기와 소니는 각기 개성이 뚜렷한 기업으로 흔히 비교된다. 한국으로 치면 LG와 삼성을 비교하는 것과 유사하다. 공통점이라면 양 기업 모두 가전 붐을 타고 비약적으로 성장한 점, 일찍부터 해외에 진출한 점, 일반소비자용 전기제품에 집중한 점 등을 들 수 있다. 그러나 동종 업종이라도 양 기업의 사풍은 대조적이다. 그것은 창업자의 개성과 거기서 파생된 기업문화와 밀접한 연관이 있다.

도쿄에 본거지를 둔 소니는 창업 당시부터 인텔리적이고 세련된 이미지가 있는 반면에, 오사카에 본거지를 둔 마쓰시타전기는 특유의 우직한 이미지가 있다. 소니는 전혀 새로운 분야에서 신제품을 개척한 경우가 많은 반면, 마쓰시타는 기존의 제품을 개량해 대량생산하는 경우가 상대적으로 많다. 마쓰시타에 비판적인 사람들은 소니를 '최첨단', 마쓰시타를 '원숭이 흉내(猿まね, 사루마네)' 기업으로 꼬집기도 한다.

소학교 중퇴의 마쓰시타와는 대조적으로 소니의 2명의 창업자 이부카 마사루와 모리타 아키오는 대학 교육을 받았고 제2차 세계대전 중에는 기술개발에 몰두했다. 이부카는 보수적인 신사로 우수한 과학자였으며, 강한 도덕심의 소유자였다. 모리타는 책사에 가까웠으며 영업과 국제 감각이 뛰어났다. 영어도 유창해 세계 유수의 기업가나 부호와 교류관계가 깊었다. 그러나 밑바닥에서 고생한 경험이나 스케일은 마쓰시타를 따라갈 수가 없었다. 또한 현장에서의 실전 경험도 마쓰시타가 발군이었다.

이러한 경영자 스타일은 기업문화의 차이로 귀결되지만, 어느 쪽이든 각 사의 독특한 기업문화가 세계적인 기업으로 성장하는 데 순기능을 했음은 부인하기 어렵다. 또한 서로를 끊

임없이 의식하면서 경쟁해 온 결과 두 회사가 일본경제 전체
의 성장을 견인하는 중요한 역할을 해 온 것도 분명하다.

경영권 ^{승계}

불운의 가족사와 경영권 승계 문제

마쓰시타는 어릴 적 부친의 파산과 5형제의 요절이라는 뼈 아픈 경험을 한 바 있지만, 가족사의 불운은 거기서 끝나지 않았다. 고도성장을 통해 세계적인 기업 마쓰시타전기를 일궈 냈지만 가정생활은 순탄치 않았다.16)

1921년 무메노와 결혼한 마쓰시타에게는 1남 1녀가 있었다. 장녀 사치코와 장남 고이치. 1926년 태어난 고이치는 한 백화점에서 주최한 우량아선발대회에서 최우량아로 선발될 정도로 건강하게 태어났다. 그런데 1927년 도쿄 출장길의 기 차간에서 마쓰시타는 고이치가 병에 걸렸다는 한 통의 전보를 받았다. 바로 오사카로 달려갔으나 고이치의 병세는 당시의 의료기술로 치료 불가능한 상태였다. 병명은 수막염. 마쓰시타 부부의 간절한 기도에도 불구하고 장남 고이치는 2세도 되지 않아 세상을 떠났다. 외아들이 죽은 후 주치의에게 "나 이제 더 이상 사업을 하고 싶지 않습니다"라고 했을 정도로 마쓰시타의 충격은 이루 말할 수 없었다고 한다.17)

아들이 죽고 난 뒤 마쓰시타에게 남은 자식이라고는 사치코 하나였다. 사치코가 성년이 되자 마쓰시타는 사치코의 결혼 상대자를 찾는데 심혈을 기울였다. 왜냐하면 아들이 없는 경우 사위가 서양자가 돼 가업을 계승하는 일본 상가의 전통 때문이었다. 명문가를 중심으로 물색하던 끝에 마침내 히라타 백작 가문의 차남 마사하루를 찾았다. 양가의 혼담이 오가자 일본 천황을 보좌하는 기관인 궁내청에서 마쓰시타의 가계를 뒷조사했다고 한다.18) 궁내청에서 마쓰시타 가문을 조사한 이유는 히라타 백작이 천황가의 일원이었기 때문이다.

여담이지만 이 결혼으로 마쓰시타가는 천황가는 물론, 미쓰이·도요타 가문과도 연결됐다. 도요타자동차의 창업 2세인 도요타 쇼이치로의 장모와 마사하루의 친형의 장모는 자매간으로, 이들은 미쓰이 창업 2세 가문의 후손들이었다.19) 결혼식은 1940년 성대하게 치러졌고 피로연은 도쿄와 오사카 두 군데서 열렸다.

후계자 마사하루에 대한 불안감

마쓰시타는 마사하루가 순조롭게 사내 경력을 쌓아갈 수 있도록 배려했다. 최초 임원 승진 때에는 경영책임을 지지 않는 감사역을 주고 이사회에 참석시켰다.

마쓰시타의 성격상 만약 도쿄대학 법학부 출신의 다른 사람이었다면 아마도 판매 최일선부터 단련시켰을 것이다. 그러나 마사하루는 영업과는 거리가 멀었다. 영업에 소질이 없었던 것도 있지만 이를 간파한 마쓰시타의 보살핌어 은연중에 작용했다고 할 수 있다.

그러나 임원으로 승진한 후 마사하루를 대하는 것이 달라지기 시작했다. 때로는 임원회의 석상에서 임원 이름을 직접 거명하지는 않았지만 누구나 마사하루인지 알 만한 사안으로 심한 질책을 하는 경우도 있었다. 하루는 임원회의 석상에서 너무나 심하게 질책하는지라 보다 못한 임원 한 명이 마쓰시타를 찾아가 따졌다.

"부자 관계를 임원회의에서 거론치 말아 주십시오. 집에서 이야기하면 되지 않습니까?"[20]

듣고 보니 맞는 말이다 싶었는지 마쓰시타는 이내 "그렇지? 알았다"고 대답했고 그 후에는 마쓰시타도 자제했다고 한다.

그러나 마쓰시타로서는 여전히 마사하루가 미덥지 못했다. 마사하루 입장에서도 그것을 모를 리 없었다. 마사하루가 거래선 사장과 골프 나갔을 때의 일화다. 골프를 즐겁게 치던 마사하루는 골프가 끝난 뒤에는 우울한 표정을 지으며 이런 이야기를 자주 했다고 한다.

"지금부터 나는 가면을 쓴다."[21]

1961년 마쓰시타로부터 사장 자리를 물려받았지만 항상 마쓰시타의 따가운 시선을 의식하고 있었던 것이다.

1964년 판매점 점주들과의 아타미 회담이 끝난 후 마쓰시타가 '영업본부장'으로 경영일선에 복귀한 것도 따지고 보면 마사하루의 경영 능력에 대한 불신을 의미하는 것이기도 했다. 사내에 둘 사이의 불화설이 나돌기도 했다. 마사하루에 대해 부정적인 중역들도 늘어났다. 그러나 마쓰시타는 딸의 입장을 의식하지 않을 수 없었고 그를 섭사리 사장 자리에서 해임할 수는 없었다. 마사하루의 사장 재임은 16년간이나 계속됐다.

세간을 놀라게 한 경영권 승계

1977년 1월 세간을 경악시키는 기자회견이 오사카의 전기회관에서 열렸다. 마쓰시타 마사하루의 결산 보고가 끝난 뒤 자신은 회장으로 물러나고 새로운 사장으로 야마시다 도시히코 이사가 임명됐다는 것이다. 순간 기자회견장에 모인 기자들 사이에 소동이 일어났다.

"도대체 야마시다가 누구야?"

야마시다 본인도 1주일 전에야 마쓰시타 방에 불리어 가 통보를 받고는 깜짝 놀라 의자에서 굴러 떨어질 뻔했다고 한다. 기자들이 취임 포부를 묻자 야마시다의 대답은 "뽑은 쪽도 책임이 있다"는 한마디였다. 또 한 주간지 기자의 마쓰시타에게 감화를 받은 적이 없느냐는 질문에 야마시다의 대답은 이랬다.

"한번은 마쓰시타 사장이 공장에 와서 '야마시다 군 어때?'라고 말을 걸어와 감격한 적이 있는데, 그 뒤에 만났더니 '자네 누구지?'라고 해서 실망한 적이 있다."[22]

당시 야마시다는 마쓰시타전기의 26명의 임원 가운데 끝에서 두 번째인 25위의 서열이었고 나이도 다섯 번째로 어린 57세였다. 재계 사정에 밝다고 자부하던 사람들은 입을 다물어 버렸고 매스컴에서는 연일 마쓰시타전기의 경영권 승계에 지면을 할애했다.

매스컴 보도 가운데 눈에 띄는 것은 야마시다의 고졸 학력이었다. 마쓰시타와 같은 소학교 출신으로 마쓰시타의 운전수를 지냈던 이나이 다카요시[23]가 부사장까지 오른 사례가 있었지만 설마 사장 자리에 고졸 학력자가 오를 줄이야 꿈에도 생각하지 못하던 일이었다.

야마시다는 1938년 고교 졸업 후 18세의 나이로 마쓰시타전기에 입사한 후 1950년대 네덜란드 현지 공장장, 1962년 마쓰시타의 자회사인 웨스트전기 상무이사, 1965년 에어컨 사업부장을 지냈다. 웨스트전기는 끊임없는 노사분규로 그룹 내에서도 골치 아픈 회사였는데 야마시다는 부임하자마자 노사분규를 종식시키는 능력을 발휘했다.

또 하나의 업적은 마쓰시타를 설득해 말레이시아에 에어컨 공장을 설립한 뒤 여기서 생산된 제품을 역수입하는 방법으로 일본 시장에서의 에어컨 시장 장악에 크게 공헌했던 것이다. 그렇다고 해서 회사밖에 모르는 맹렬사원도 아니었고 '마쓰시타교'의 열렬한 신자도 아니었다. 부하 직원들에게는 회사 일만 생각하지 말고 자기 생활이나 취미를 꼭 한 가지씩 가지라고 권유하곤 했다.

어쨌든 학력 무시, 서열 무시의 파격적인 인사는 마쓰시타 고노스케에 대한 평판을 다시 높이는 계기가 됐다.

야마시다의 경영수완

야마시다가 사장으로 발탁된 후에도 회사 내부의 시선은 곱지 않았다. 일부에서는 후계 인선이 잘못 됐으니 다시 뽑아야 한다고 주장하는 사람도 있었다. 그러나 마쓰시타의 속내는 마쓰시타전기에 일대 개혁이 필요하다는 것이었다. 당시 마쓰시타전기는 성장 속도가 둔화되는 시점에 있었다. 임원들의 상당수는 그 원인을 가전제품의 보급이 포화상태에 있어 어쩔 수 없는 측면이라고 생각했다. 마쓰시타의 판단은 시장보다는 매너리즘에 빠진 조직에 문제가 있다고 보았고 해결사로서 야마시다를 중용했던 것이다.

야마시다는 마쓰시타의 기대에 부응이라도 하듯 취임하자마자 일대 개혁을 단행했다. 야마시다의 캐치프레이즈는 '재생'이었다. 임원들에게 회사의 현실을 직시할 것을 경고하는 한편, 부사장제의 폐지, 사업 부문 간 인사교류, 해외생산 확대 등의 계획을 밀어붙였다. 마쓰시타에게 고참 임원들의 불만에 가득 찬 소리가 들려왔으나, 그럴 때마다 마쓰시타는 뒤로 야마시다를 불러 오히려 칭찬하면서 개의치 말고 개혁을 추진하도록 독려했다.

야마시다는 일부 예외적인 경우를 제외하고는 사업 결정권을 각 사업 부문장에게 위임했다. 비디오 규격전쟁에서 승리를 거둠으로써 VHS 사업에서 미국 시장을 장악하는 성과를 올렸다. 또한 중단됐던 컴퓨터 사업을 재검토해 반도체 개발에 전력투구하기로 결정했다. 다만 1964년 마쓰시타가 연구개발을 추진하다가 중단시켰던 컴퓨터기기 사업에는 끝내 진출하지 않았다. 마쓰시타가 컴퓨터 사업에서 발을 뺀 것을 두고 업계에서는 '경영의 신' 마쓰시타는 결국 신이 아니었다는 비아냥거림까지 들었다.[24]

1986년 사장 자리에서 물러날 때까지 야마시다는 무려 10년을 사장 자리에 재임했고 그 후 마쓰시타전기의 경영권은 전문경영인에 의해 계승되고 있다.

특이한 이상주의자

주 5일 근무제와 임금 5개년 계획

1960년 1월 경영방침 발표회에서 마쓰시타는 다음과 같이 말했다.

"일본에서 가장 먼저 주 5일제 근무를 도입하겠다. 주 5일제 근무를 도입해도 6일제의 회사와 동등한 수준의 임금을 유지할 것이다. 이 제도는 1965년부터 시행한다."

생산 가동률이 피크에 달하는 고도성장의 와중에서 주 5일제 선언에 반신반의하는 사람들이 많았다. 경영진이 우려했던 것은 경쟁력을 잃어버리지나 않을까 하는 것이었다. 구미 기업에 대항하여 경쟁력을 유지할 수 있었던 것은 저임금과 노동시간이었는데 이를 포기하는 것이었기 때문이다.

노동조합도 노동시간이 17퍼센트나 단축되는데 급여나 수당이 그대로 유지된다는 사실이 믿어지지 않았다. 걱정이 된 나머지 주위의 사람들이 마쓰시타를 만류하러 찾아갔으나, 오히려 마쓰시타에게 설득을 당했다고 한다. 현실적으로 어렵더라도 회사와 국가경제의 먼 장래를 생각하면 반드시 시행해야 한다는 것이 마쓰시타의 논리였다.

3년 뒤인 1967년에는 사내 경영진을 놀라게 하는 또 하나의 발표가 있었다. 이른바 '임금 5개년 계획'을 실시하여 종업원의 임금을 대폭 인상한다는 방침이었다. 또 다시 경영진들이 만류하고 나섰고 격론이 벌어졌다. 마쓰시타의 논리는 간단했다. 임금을 높이는 만큼 생산성을 높이자는 것이었다.

임금 5개년 계획이 시작된 지 4년이 지난 1971년 마쓰시타 전기의 종업원 임금은 당시 유럽에서 가장 높았던 독일과 비슷한 수준까지 올라갔다. 5년째인 1972년에는 미국의 평균치에 근접했다. 동종 업계인 일본 전기제품 메이커의 평균임금과는 현격한 격차가 났다.[25]

PHP연구소를 통해 펼친 경영철학

마쓰시타는 1973년 상담역으로 물러나 일상 업무에서는 멀어졌다. 만년의 마쓰시타는 저술이나 기부활동을 하면서 PHP연구소에서 지내는 시간이 많았다.

PHP(Peace and Happiness through Prosperity)란 1946년 11월 일본에 두 번 다시 전쟁의 비운이 있어서는 안 된다는 생각에서 마쓰시타가 펼친 일종의 '행복 추구 운동'이다. 이상을 추구하는 성격이 강했던데다 PHP 설립 시기가 공교롭게도 마쓰시타가 경영진에서 물러난 시기와 맞물려 미국에 영합하는 기관으로 세간의 오해를 사기도 했다.

PHP의 연구활동은 1950년 기관지 「PHP」의 발행을 마지막으로 중지됐다가 마쓰시타가 사장에서 물러난 1961년 재개됐다. 1967년에는 교토에 전용 건물이 마련됐고 연구영역도 확대됐다. 1968년에는 출판부를 설치하여 다수의 간행물을 발간하기 시작했고 인간사회, 정책, 일상생활 등 다양한 영역에서 세미나도 개최됐다.

마쓰시타는 다수의 저작을 낸 것으로 유명한데 최초의 저작은 1953년, 최후의 저작은 사망 후인 1990년에 출판됐다. 생전에 총 46권을 저술했는데 대부분이 분량이 적은 소책자이기는 하지만 권수로는 경이적이다. 대개 마쓰시타가 구술하면 이를 PHP의 저술 담당자가 정리하는 식으로 출판 작업이 이루어졌다. 자선활동은 개인자산 2억 9,100만 달러, 회사자금 9,900만 달러를 기부했다.

마쓰시타정경숙을 통해 추구했던 이상

1979년에 창설된 마쓰시타정경숙은 도쿄에서 남서쪽으로

약 50킬로미터 떨어진 가나카와현에 세워졌다. 설립 목적은 21세기 행정·정치 리더의 양성에 있었다. 대학과는 무관한 재단법인으로 전임교수진도 없고 관리자와 비상근강사로 구성돼 있다.

정경숙은 대졸 학력자를 대상으로 본과 2년과 상급 정치전공 3년의 교과과정으로 짜여 있다. 강의실에서 배우는 교육방식에서 탈피해 연구계획의 설정, 독학과 초빙교수 강의, 토론 등이 중심이다.

기업경영의 외길을 걸어온 마쓰시타지만 딱 한 번 정치계에 입문한 적이 있었다. 1925년 주위의 강권에 못 이겨 오사카의 니시노다구 의원으로 당선됐을 때였다. 그러나 자신은 정치에 맞지 않는다는 것을 깨닫고 이내 그만두었고 이후의 기록들을 보면 정치에 대한 강한 환멸을 가지고 있음을 알 수 있다. 비전을 가진 정치가의 등장, 그것이 마쓰시타의 염원이었지만 단기간 안에는 무리가 있음을 느끼고 장기적으로 교육에 투자하여 훌륭한 정치가를 배출하려고 했다.

이런 배경에서 태어난 정경숙이었기에 졸업생 중 다수는 국회의원이 됐지만 집권 자민당 소속 의원은 소수이고 거의가 야당 국회의원으로 정치에 진출했다.

그러나 정경숙에 대한 주변의 회의적인 시각은 처음이나 지금이나 적지 않은 것이 사실이다. 마쓰시타가 처음 정경숙 건립 구상을 밝혔을 때 모여 있던 정치가는 물론 회사 임원들까지 크게 웃었다고 한다. 지금도 정경숙이 '마쓰시타교'의 총

본산이 아닐까 곱지 않은 시선으로 바라보는 이들도 있다.

다만 교육방식에 대한 새로운 시도가 이루어지고 있는 오늘날의 현실을 볼 때, 교육기관으로서 새로운 모델을 제시했다는 점은 평가받을 만하다. 또한 자민당 일변도의 구태의연한 정치에 염증을 느끼는 국민들의 입장에서는 새로운 정치를 여는 돌파구의 하나로서 충분히 존재가치가 있을 것이다.

'진정한 마음'

만년의 27년간 마쓰시타는 PHP연구소에 출퇴근하다시피 했다. PHP에서 활동하는 동안 마쓰시타는 인간과 사회, 국가에 대한 그의 생각을 기회가 있을 때마다 이야기하곤 했다. 그러한 것들이 세간에 마쓰시타의 어록으로 전해져 오고 있는 것이다.

모든 내용을 여기서 소개할 여유는 없지만, 인간에 대한 마쓰시타의 어록에 담긴 중심적인 단어는 '진정한 마음'일 것이다. 인간 내면의 아름다움, 인간성을 표현하는 문구이지만 여기에는 현실 세계를 직시하자는 의미도 함축돼 있다.

특히 마쓰시타는 과민하게 반응하는 정치적인 책략에는 강한 혐오감을 보였다. 그러면서도 정부의 정책, 교육제도 등 국가경영 전반에 걸쳐 많은 정책 제안을 하기도 했다. 기업경영을 하면서 느꼈던 정치 세계에 대한 답답함은 노후에도 남아 있었다. 그렇지만 결국 만년의 마쓰시타는 인간 본연의 모습에 대한 깊은 성찰로 빠져들었다.

"비가 내리면 우산을 쓰면 된다"는 마쓰시타의 말 속에는 자연순응, 환경순응적인 인간의 모습, 순수하고 진정성 있는 인간의 모습을 추구했던 마쓰시타의 삶과 이상이 담겨 있다.

마쓰시타 고노스케가의 유산

히로히토 천황이 사망한 것은 1989년 1월 7일, 그로부터 3개월 후인 4월 27일 마쓰시타 고노스케도 세상을 떠났다. 일본 현대사의 상징적인 두 인물이 같은 해 세상을 떠난 것이다. 그와 동시에 일본의 고도성장과 대량생산·대량소비 시대도 막을 내렸다. 버블의 붕괴는 그것을 상징하는 사건이기도 하다.

마쓰시타는 불과 4세에 빈곤의 나락으로 떨어져 9세 때부터 직업 일선에 내몰렸고 30세 전에 가족 모두를 잃었다. 결혼 후에는 외아들마저 요절했다. 하지만 시련과 불운의 가족사, 대공황과 제2차 세계대전의 혼란을 거쳐 당대에 세계적인 기업을 육성하는 대업을 이루었다.

그 과정에서 마쓰시타가 행한 기업가로서의 본질은 때로 비난을 받기도 했다. 또 대량생산·대량소비 시대에나 맞는 시대에 뒤떨어진 경영방식으로 치부할 수도 있을 것이다.

이러한 비판을 어느 정도 수용하더라도 마쓰시타가 위대한 기업가였음은 틀림없다. 기업가는 자신이 주어진 역량과 인적 자원, 그리고 주위 환경을 정확히 직시해야만 한다. 마쓰시타는 주어진 환경에 순응하는 데 그치지 않고 그것을 극복하려는 용기와 신념을 지닌 인물이었다.

이제 마쓰시타라는 이름은 회사 이름에서조차 사라지고 없다. 그는 경영의 신도 아니었고 성인군자도 아니었다. 그저 한 명의 경영자였을 뿐이다. 그런 마쓰시타를 위대한 경영자로 이끈 것은 고뇌와 고난으로 가득 차고 현실에 충실한 지극히 인간적인 모습이었다. 기업경영과 인간사회에 충실하려 했던 그의 진정성이야말로 마쓰시타가 후대에 남긴 최대의 유산이자 자랑거리일 것이다.

주

1) 소니는 1946년 이부카 마사루와 모리타 아키오가 공동으로 창업한 도쿄통신공업이 전신이다. 이부카는 와세다대학, 모리타는 오사카제국대학에서 공학을 전공한 기술자로 둘 다 해군장교 시절 처음 만나 기술자로서 의기투합하여 소니를 창업했다. 특히 모리타는 나고야에서 300년 이상 양조업을 한 유복한 가정에서 태어났다. (立石泰則,『ソニーと松下』, 講談社, 2003年, pp.33~35)

2) 일본의 경우 경영권의 세습에 대해서는 전문경영진의 판단과 사회적 평가가 중요한 역할을 하는데, 소니의 경우에도 모리타 아키오가 자신의 처남에게 경영권을 넘겼다가 호된 비판을 받고 2세로의 승계를 포기한 적이 있다.

3) 경제저널리스트 하자마 무네오는 마쓰시타전기의 와카야마현 공장건설과 관련해 다음과 같이 말했다. "마쓰시타는 1965년 전국 1현 1공장 건설 구상을 밝혔다. 당시 마쓰시타는 와카야마현의 경제고문을 맡고 있던 터라 현청 관계자들은 제1공장이 당연히 와카야마에 세워지리라 기대했다. 그러나 와카야마현에 공장이 세워진 것은 전국에서 가장 늦은 20년 후의 일이었다. 겉으로는 채산상의 이유를 들지만 사내에서는 고향에 대한 애증 때문이라는 소문이 돌았다." (硲宗夫『悲しい目をした男』, 講談社, 1995, p.125)

4) 가와기타전기는 제2차 세계대전 후 마쓰시타그룹의 자회사로 편입됐다. (北康利,『同行二人 松下幸之助と歩む旅』, PHP 研究所, 2008, p.75)

5) 1927년 1월부터 9월까지 44행이 휴업, 44행의 예금고는 전국 보통은행 예금액의 9퍼센트를 차지하고 있었다. 휴업은행 가운데는 주고은행을 비롯해 고노에, 무라이 나카이 등 유력은행이 포함돼 있다. (미와 료이치 지음, 권혁기 옮김,『일본경제사-근대와 현대』, 보고사, 2004년, 185~186쪽 참조)

6) "당시 노동조합이 전시 중의 경영자를 반민주주의적 인사로 규정하고 추방 운동을 벌이는 가운데 마쓰시타전기 노동조합은 사주 마쓰시타 고노스케가 창업 이래 사회생활의 향상을 위해서 진력해온 사실을 설명하고 강력한 교섭을 벌였다."

(松下電器, 『松下電器50年の歴史』)

7) 松下電器, 『松下電器50年の歴史』, p.138.

8) A.Chandler Jr., *Strategy and Structure*, The MIT Press, 1962.

9) 일본의 1930년대 분사화와 기업그룹의 형성에 대해서는 下谷 政弘, 『日本の系列と企業グループーその歴史と理論ー』, 有斐閣, 1993 등을 참조.

10) 岡本康雄, 『日立と松下』, 中公新書, 1979, p.5.

11) 松下電器, 『松下電器・營業史』, 1980, p.53.

12) 松下電器, 『松下電器・營業史』, 1979, p.131 참조.

13) 前揭 松下電器, 『松下電器・營業史』, 1980, p.58 참조.

14) 松下電器, 『松下電器50年の歴史』, p.333.

15) 당시 마쓰시타가 화를 냈던 이유는 두 가지가 있었다. 하나는 흙투성이의 부인 단체 주부들이 마쓰시타 본사에 들어와 소동을 피운 것, 또 하나는 매스컴과 정부를 교묘히 활용하는 나카우치의 전략에 화를 냈다고 한다.

16) 처 무메노는 창업 때부터 마쓰시타를 도운 창업공신이기도 했지만 무메노와의 결혼생활은 순탄치 못했던 것으로 알려지고 있다. (ジョン・P・コッタ, 髙橋啓 옮김, 『幸之助論』, 2008, p.154)

17) 北康利, 『同行二人 松下幸之助と歩む旅』, PHP硏究所, 2008, p.124.

18) 立石泰則, 『ソニーと松下』, 講談社, 2003, p.205.

19) 水島愛一郎, 『豊田家と松下家』, グラフ社, 2007, p.27.

20) 立石泰則, 『ソニーと松下』, 講談社, 2003, p.206.

21) 立石泰則, 『ソニーと松下』, 講談社, 2003, p.206.

22) 「週刊毎日」 1977년 2월 4일자.

23) 후에 마쓰시타고토부키의 사장까지 역임했다.

24) 컴퓨터 개발 사업은 막대한 연구비가 드는 관계로 당시 통산성의 지원하에 다수의 기업들이 참여하는 형태로 연구개발이 이루어졌다. 컴퓨터 사업 철수에 관해서는 마쓰시타가 끝까지 입을 열지 않아 속사정을 알 수 없으나, "통산성은 마쓰시타에 충분한 예산을 주지 않았고 도쿄 기업을 밀어준 것이

틀림없다"고 말한 것으로 보아 통산성 주도의 컴퓨터 사업에 불만이 있었던 것으로 보인다. (ジョン·P·コッタ, 高橋啓 옮김, 『幸之助論』, 2008, p.221)

25) 1971년 일본 전기 제조업체의 평균임금은 연간 87만 4,000엔 인 데 비해 마쓰시타의 평균임금은 129만 6,000엔에 달해 30 퍼센트 이상 격차가 났다. (「Yearbook of Labor Statistics」, ILO, 1972, 松下電器産業社史關聯資料)

참고문헌

권혁기·이지평, 『일본형 자본주의』, 정문출판사, 1993.

미와 료이치, 권혁기 옮김, 『일본경제사―근대와 현대』, 보고사, 2004.

松下幸之助, 『にんげんを考える』, PHP文庫, 1995.

松下幸之助, 『決断の経営』, PHP研究所, 1989.

佐藤悌二郎, 『松下幸之助 成功への軌跡』, PHP研究所, 1997.

谷澤永一, 『松下幸之助の智惠』, PHP文庫, 1995.

池田政次郎, 『商魂 石田退三, 土光敏夫, 松下幸之助に学ぶ』, 東洋經濟新報社, 1990.

若林直樹, 『家電産業成長の軌跡』, 電波新聞社, 1992.

立石泰則, 『ソニーと松下』, 講談社, 2003.

出井康博, 『松下政經塾とは何か』, 新潮新書, 2004.

水野博之, 『誰も書かなかった松下幸之助 三つの笑顔』, 日本実業出版社, 1998.

林辰彦, '謎の松下幸之助', 「月刊公論」 2001年 連載.

立石泰則, 『復讐する神話 松下幸之助の昭和史』, 文春文庫, 1992.

中内功, 『流通革命は終わらない 私の履歴書』, 日本経済新聞, 2000.

松下幸之助, 『実践経営哲学』, PHP文庫, 2001.

岡本康雄, 『日立と松下』, 中央公論社, 1979.

福田兼治, 『井植歳男の事業と人生』, 日本実業出版社, 1969.

真島弘, 『松下電気の事業部制』, 日本実業出版社, 1978.

プレジデント 엮음, 『松下幸之助の研究』, プレジデント社, 1980.

硲宗夫，『悲しい目をした男』，講談社，1995.

北康利，『同行二人　松下幸之助と歩む旅』，PHP研究所，2008.

小宮和行，『松下幸之助が惚れた男—評伝　高橋荒太郎』，ダイヤモンド社，1996.

水島愛一郎，『豊田家と松下家』，グラフ社，2007.

『松下電器五十年の略史』，松下電器産業，1968.

『日に新た—松下電器75年の歩み』，松下電器産業，1994.

『松下電器・営業史』，松下電器産業，1980.

A.Chandler Jr., Strategy and Structure, The MIT Press, 1962.

프랑스엔 〈크세주〉, 일본엔 〈이와나미 문고〉,
한국에는 〈살림지식총서〉가 있습니다.

📖 전자책 | 🔍 큰글자 | 🔊 오디오북

마쓰시타 고노스케 일본이 낳은 경영의 신

펴낸날	초판 1쇄 2009년 1월 22일
	초판 6쇄 2023년 12월 7일

지은이	권혁기
펴낸이	심만수
펴낸곳	(주)살림출판사
출판등록	1989년 11월 1일 제9-210호

주소	경기도 파주시 광인사길 30
전화	031-955-1350 팩스 031-624-1356
홈페이지	http://www.sallimbooks.com
이메일	book@sallimbooks.com

ISBN	978-89-522-1084-5 04080
	978-89-522-0096-9 04080 (세트)